JULIA UND
STEFAN RICHTER

Honeymoon XXL

VOM STANDESAMT
INS OUTDOOR-ABENTEUER

DELIUS KLASING VERLAG

Wie die
Reise
begann ...

Keine Ahnung, wie wir auf die Idee gekommen waren, mit dem Seekajak durch die Stockholmer Schären zu paddeln. Aber wir waren beide schwer angetan von diesem Plan. Zum einen, weil uns Schweden generell gut gefällt, zum anderen, weil wir zu zweit allein unterwegs sein konnten, unabhängig von wem auch immer und von irgendwelchen Zeit- oder Streckenvorgaben. Einfach selbstbestimmt paddeln. Genau das war es, was wir beide wollten: selbst planen, alles selbst organisieren und selbst umsetzen. Nur nicht einer allein, sondern immer zusammen. Jeder von uns hat seine Stärken. Ich, Julia, plane und organisiere gern generalstabsmäßig. Fast schon etwas zu genau für Stefans Geschmack. Aber in den letzten Jahren habe ich gelernt, dass man auch bei bester Planung und Vorbereitung manchmal improvisieren muss. Sogar das Improvisieren klappt jedoch schon generalstabsmäßig. So bin ich eben. Stefan setzt um, packt an und ist Herr über die Finanzen. Er baut das Zelt auf und ab, holt Wasser, nimmt die Dinge in die Hand. Er verlässt sich dabei auf meine Planungen. Fast schon etwas zu sehr für meinen Geschmack. Aber so ist er eben.

Zusammen hatten wir uns in Schweden sehr gut ergänzt. Nur in einem Punkt waren wir uns nicht immer einig: den perfekten Zeltplatz für die nächste Nacht zu finden. Stefan war stets auf der Suche nach dem einzig richtigen Platz zum Zelten. Mir war das nach einem langen Paddeltag eher egal. Aber Stefan wollte immer wieder noch weiter suchen. Nach fast zehn Tagen fand er seinen perfekten Zeltplatz auf einer kleinen unbewohnten Insel. Ich konnte ja nicht ahnen, dass er mir dort einen Heiratsantrag machen wollte. Doch plötzlich ergab das ganze Gesuche dann einen Sinn. Statt eines Verlobungsrings schenkte Stefan mir eine Weltkarte. Ein Geschenk mit weitreichenden Folgen. Ich sagte nicht nur: JA! Die Weltkarte war auch der Grundstein zu unserer großen Reise.

Ich hatte schon lange noch mal weg gewollt und daraus auch kein Geheimnis gemacht. Nach der Schule war ich ein halbes Jahr in Neuseeland gewesen, wollte aber natürlich noch mehr von der Welt sehen. Dann kamen aber erst einmal das

Studium und die ersten Jobs. Stefan entwickelte erst zusammen mit mir die große Lust am Reisen. Obwohl er schon einige Erfahrungen als Reiseleiter während
seiner Studienzeit gesammelt hatte. Von der Idee der Weltreise ließ er sich mit der
Zeit immer mehr anstecken. Am Ende war er sogar enthusiastischer als ich. Und
irgendwann war ihm die Idee mit dem Heiratsantrag und der Weltkarte eingefal-
len. Diese Karte war auch ohne Erklärung ein ganz klares Statement. An die Worte
dazu kann ich mich vor Aufregung sowieso nicht erinnern.

Nach der Schwedenreise wurde die Weltkarte gut sichtbar in unserer Wohnung
platziert. Wir konnten uns ihrem Einfluss gar nicht mehr entziehen. Und von diesem Zeitpunkt an begannen wir, zu planen und Reiseziele und -wünsche aufzu-
schreiben.

DAS FLUGTICKET: *AROUND THE WORLD VS. ONE WAY*
1. JUNI

Am Anfang des Jahres fingen wir an, uns Gedanken darüber zu machen, wie wir
eigentlich reisen wollten. Da gibt es ja heutzutage die verrücktesten Möglichkeiten:
per Fahrrad, Auto, Segelboot oder gar zu Fuß. Uns war relativ schnell klar, dass
wir das nicht sind. Noch nicht. Mit dem Flugzeug ginge es doch auch gut. Es ist
nicht nur komfortabel, sondern vor allem auch eine günstige Variante, um schnell
von A nach B zu gelangen. Für uns war das genau das Richtige. Nach der Flugfrage
mussten wir eine weitere grundlegende Entscheidung treffen: Sollten wir ein
»Around-The-World-Ticket« buchen oder nicht? So ein Ticket hatte schließlich
Vor- und Nachteile. Die Vorteile waren: Wir würden in jedem Fall wieder zurück
nach Hause kommen, auch falls uns das Geld ausging. Wir hätten die Ticketkosten
besser im Blick. Falls unsere Pläne sich änderten, könnten wir die Flüge kostenlos oder für einen geringen Betrag einfach umbuchen. Es gab außerdem ziemlich
günstige Preise für Standard-Routen. Ein Nachteil war jedoch, dass wir immer im
Hinterkopf hätten, wann der nächste Flug wohin geht und wann wir wieder zurück sein werden. Das Ticket war außerdem maximal zwölf Monate gültig. Auch

wenn das Around-The-World-Ticket Flexibilität versprach, müssten wir uns an eine vorgewählte Reiserichtung halten, zum Beispiel immer nach Osten. Wichen wir dann noch von den Standard-Routen ab, würde es schnell sehr teuer werden. Wir haben uns dann hingesetzt und uns mal grundsätzlich überlegt, wohin wir eigentlich wollten. Und schon nach der ersten Flugstrecke waren wir weg von der Standard-Route. Wir wollten zunächst bis Moskau fliegen und dann mit der Transmongolischen Eisenbahn über die Mongolei nach Peking fahren. Für die Etappe mit dem Zug wären uns Flugmeilen berechnet worden, und schon würde der geplante Trip teurer als gedacht. Dann wollten wir auch noch die Reiserichtung ändern, also von Indonesien zurück nach Nepal. Das ginge aber nur mit Zusatzflügen. Und spätestens nach den ersten beiden Angeboten für das Around-The-World-Ticket mit unserer Wunschroute war klar: Wir buchen one way und flexibel unterwegs alle Flüge einzeln. Die so gewonnene Freiheit war unbezahlbar. Außerdem fragten wir uns, nachdem wir unsere Route ganz ordentlich in einer Excel-Tabelle aufgelistet hatten: Warum sollten wir Wohnung, Job und alles aufgeben, um uns dann mit einem Flugticket wieder festzulegen? Das passte doch überhaupt nicht zusammen! Um Einzeltickets würden wir uns zwar selbst kümmern müssen, aber Richtung und Flugdaten wären dann egal.

UND DAS WURDE UNSERE GEPLANTE REISEROUTE:

Land	Reisezeit	Aktivitäten
MONGOLEI	Juli/August	Transsibirische bzw. Trans-mongolische Eisenbahn/ Trekking
CHINA	August	Transsibirische Eisenbahn
MALAYSIA	August/September	Schnorcheln/Tauchen
SINGAPUR	September	Shoppen
INDONESIEN	September/Oktober	Surfen
NEPAL	Oktober/November	Trekking
THAILAND	November	Rundreise
LAOS	November	Rundreise
KAMBODSCHA	November	Rundreise
VIETNAM	Dezember	Rundreise
PHILIPPINEN	Dezember/Januar	Kajak, Schnorcheln/Tauchen
NEUSEELAND	Februar/März	Rundreise
SAMOA / COOK ISLANDS	April/Mai	Schnorcheln/Tauchen
CHILE	Mai/Juni	Wandern, Surfen
ARGENTINIEN	Juni	Skifahren
PERU	Juli	Rundreise Trekking
KANADA	August	Rundreise
ALASKA	August/September	Trekking

Nach der Flugticket-Entscheidung ließen wir die Reiseroute einfach mal so stehen wie geplant. Wir kümmerten uns eigentlich nur darum, die Idee mit der Transmongolischen Eisenbahn umzusetzen. Es sollte unbedingt Richtung Mongolei gehen, denn von diesem Land hatte ein Bekannter so sehr geschwärmt, dass wir schnell überzeugt waren, auch dorthin zu wollen. Dafür brauchten wir nur zwei Stichpunkte: unendliche Weite und Freiheit!

Als Nächstes stellte sich uns das Visaproblem entgegen. Wir würden mit der Transmongolischen Eisenbahn durch Russland, die Mongolei und China reisen. Und für alle drei Länder bräuchten wir Visa. Eigentlich kein Problem, wenn man das früh genug weiß. Nur wird es sehr wohl zum Problem, wenn man zehn Tage vor der Abreise heiraten will und seinen Namen ändert. Es hätte uns mindestens sechs bis acht Wochen gekostet, auf die verschiedenen Visa zu warten. Das dauerte uns eindeutig zu lange. Und somit warfen wir den Plan teilweise über Bord. Wir wollten heiraten und sofort los! Da das Visum nach Russland die längste Bearbeitungszeit brauchte und auch etwas kompliziert zu beantragen war, strichen wir Russland kurzerhand aus der Planung.

Der erste Flug sollte nun kurz nach der Hochzeit in die Mongolei gehen, und in der Mongolei wollten wir dann das Visum für China beantragen. Das erste Flugticket buchten wir somit knapp zwei Monate vor unserem Abflug: *one way* und *nonstop* von Berlin (Deutschland) nach Ulan Bator (Mongolei). Gekostet hat das Ganze 396 Euro inklusive Steuern und pro Person. Hinzu kamen noch die Gebühren für das Visum (60 Euro für die einmalige Ein- und Ausreise plus 40 Euro Expresszuschlag, damit das Visum auch wirklich pünktlich ankam).

ICH PACKE MEINEN RUCKSACK,
ABER VORHER MUSS ICH ERST MAL EINEN KAUFEN!
17. JUNI
Welche Größe und Funktion der Rucksack haben sollte, mit dem wir um die Welt

reisen wollten, war gar nicht so einfach zu beantworten. Diese Frage stellt sich aber wahrscheinlich jeder Weltreisende. Und die Antwort ist im ersten Moment wahrscheinlich immer so ungenau wie frustrierend: Es kommt darauf an. Darauf, in welche Länder und Klimazonen man reisen wird; welche Aktivitäten man plant; was man glaubt, unbedingt dabeihaben zu müssen; und letztendlich kommt es darauf an, wie schwer man tragen kann oder will. Da wir mit Zelt reisen wollten, war schnell klar, dass wir einen eher größeren Rucksack brauchten. Zelt, Isomatte und Schlafsack nehmen ganz schön viel Volumen in Anspruch. Bei mir hat dann letztendlich die maximale Traglast von 15 Kilogramm das Volumen bestimmt. Tragekomfort und Funktionalität kürten am Ende den Deuter Aircontact zum Sieger: 50 + 10 Liter für mich und 65 + 10 Liter für Stefan.

Und was kam alles da rein? Wir schrieben Checklisten. Nicht nur für die Reise, auch für die bevorstehende Hochzeit. Die Packliste wurde fast täglich an den aktuellen Planungsstand angepasst und optimiert. Wahrscheinlich ein Prozess, der auch noch bis zum Tag der Abreise anhalten würde.

ES MUSS SEIN ... VERSICHERUNG ETC.
1. JULI

Und dann war es so weit: noch elf Tage bis zur Hochzeit und 22 Tage bis zum Abflug! Alle Vorbereitungen liefen auf Hochtouren. Am Vortag waren wir um- bzw. ausgezogen. In einer 24-Stunden-Aktion hatten wir unser gesamtes Hab und Gut aus unserer Wohnung in Innsbruck (Österreich) in Stefans Heimatstadt Wernigerode (Deutschland) gebracht. 740 Kilometer Wegstrecke. Nicht alles hatte in den kleinen Transporter gepasst. Deshalb haben wir nun kein Bett mehr. Aber ist ja auch egal, ein eigenes Bett brauchten wir frühestens in einem Jahr wieder. Nun schliefen wir bis zur Abreise in Stefans früherem Kinderzimmer auf der Couch. Der Rest unserer Habe wurde im Haus von Stefans Großeltern eingelagert.

ICH PACKE MEINEN RUCKSACK:

TRANSPORT
Rucksack
Tagesrucksack
Wasserdichter Sack/Packsäcke
Blaue Ikea-Tasche

SCHLAFEN
Schlafsack/Inlet
Isomatte
Zelt inkl. Zubehör
Zeltunterlage/Tarp + Schnüre
Hängematte

KLEIDUNG
6 x Unterwäsche
5 Paar (Funktions-)Socken
2 Funktions-T-Shirts
3 normale T-Shirts
2 Pullis
1 warme Funktionsjacke
1 lange/kurze Funktionshose
1 Jeans
1 Rock/kurze Hose

KOCHEN
Kocher
Topf + Deckel
Teller
Besteck
Anzünder + Feuerzeug
Trinkflasche
Scharfes Messer
Multitool
Salz & Pfeffer

HYGIENE/ERSTE HILFE
Waschtasche
Trekkingseife/Shampoo
Zahnbürste
Zahnpasta
Bürste + Haarbänder
Gesichtscreme
Reinigungstücher
Rasierer + Rasiercreme
Nagelschere
Pinzette

SONSTIGES
Kamera + Ladegerät + Akkus
Laptop + Ladegerät + Tasche
Handy + Ladegerät
Stromadapter
Externe Festplatte
Bücher (Kindl) + Ladegerät
Kopfhörer
Wasserfester Stift
Notizbuch + Stifte
Kartenspiel/Würfel
Sonnenbrille
2 Handtücher
Taucherbrille & Schnorchel
Wäscheleine
Flickzeug für Isomatte
Nähzeug

REISEDOKUMENTE
Reisepass

Ansonsten hatten wir uns in den letzten Tagen und Wochen mit viel administrativem Kram aufgehalten. Das war nicht gerade unsere Lieblingsbeschäftigung. Aber es musste sein. Vielleicht kam es uns auch so viel vor, weil alles gleichzeitig anfiel: Jobübergabe, Umzug, Hochzeit, Weltreise. Der letzte Arbeitstag in Österreich war nicht spurlos an uns vorbeigegangen. Besonders für Stefan war das ein ziemlich komisches Gefühl. Schließlich hatte er seinen Job als Marketingleiter für den Kaunertaler und Pitztaler Gletscher doch mehr als gern erledigt. Schon die Kündigung Ende März hatte ihm zu schaffen gemacht. Alles für eine Reise aufzugeben, von der man nicht genau weiß, was man erwarten kann, war gar nicht so einfach. Wir hatten viel darüber gesprochen. Und das hatte geholfen, die Dinge klarer werden zu lassen. Für mich war der Job im Pitztal von Beginn an zeitlich begrenzt gewesen, und somit fiel es mir auch etwas leichter, alles aufzugeben. Unsere Wohnung in der Nähe von Innsbruck haben wir beide sehr geliebt. Wir hatten einen sensationellen Ausblick auf die Berge. Aber wie es der Zufall wollte, hatte unsere Vermieterin ein paar Tage vor unserer Wohnungskündigung Eigenbedarf angemeldet, und somit wäre die Wohnung über kurz oder lang ohnehin weg gewesen.

Nach dem Umzug mussten wir uns auf die Planung der Hochzeit konzentrieren. Zum Glück gab es die Checkliste. Ich wollte viel selbst machen und den Weddingplaner sparen. Das nahm natürlich viel Zeit in Anspruch. Aber es machte mir eben auch viel Spaß. So oft heiraten wir ja nun auch nicht. Für die Reise hatten wir ganz nebenbei noch alle fehlenden Dokumente (Internationaler Führerschein, Reisepass) beantragt und alle für uns relevanten Impfungen (Hepatitis A & B, Typhus, Tetanus, Tollwut) erledigt. Wir waren auch noch einmal ganz brav beim Arzt (Zahnarzt, Frauenarzt, Hausarzt) gewesen und hatten unsere privaten Versicherungen aktualisiert. Unsere Eltern hatten eine Generalvollmacht bekommen; falls irgendetwas während unserer Reise schiefginge, hätten sie von Deutschland aus die Möglichkeit, uns jederzeit zu helfen. Was jetzt noch fehlte, war die Reisekrankenversicherung. Welche wir nehmen, hatten wir immer noch nicht entschieden. Aber wir hatten ja auch noch 22 Tage Zeit bis zum Abflug.

ES WIRD GEHEIRATET!
13. JULI

Dann wurde geheiratet! Nach fast neun Jahren Zusammensein hießen wir ab sofort beide Richter. Der Weg bis hierhin war wie wohl in vielen Beziehungen nicht immer eine schnurgerade Autobahnstrecke. Man könnte ihn eher als eine Bergstraße sehen mit einigen Kurven, zwischen den Bergen lagen Täler, durch die mussten wir durch, wenn wir auf die andere Seite und wieder hoch hinaus wollten. Aber das alles hat uns nicht aufgehalten, denn wir hatten doch sehr schnell festgestellt, dass wir ziemlich gut zusammen passen und uns in vielen Dingen super ergänzen. Und wir wussten, dass wir uns aufeinander verlassen können. Unser Lebensmittelpunkt waren die Berge um Innsbruck in Österreich geworden, seit einigen Jahren teilten wir uns dort eine Wohnung. Gemeinsam am Berg und in der Natur unterwegs zu sein, das ist es, was wir beide lieben.

In den Bergen wollten wir dennoch nicht heiraten. Auch nicht auf einer einsamen Insel, so wie Stefan es eigentlich vorgezogen hätte. Eine freie Trauung an einem See, wo es so aussieht wie in Schweden – das hatte ich mir gewünscht. Wenn schon nicht auf einer Südseeinsel, dann wenigstens in der Heimat, also im Harz, heiraten – das hatte sich Stefan gewünscht. Und wir hatten einen guten Kompromiss gefunden. Ein sehr individuelles Landhaus mit rotem Holz verkleidet und mit einem nahegelegenen Seegrundstück für die Trauung ist am Ende unsere Hochzeitslocation geworden. Im Harz!

Für uns war es ein wunderbares Fest! Und wir waren dankbar für die Hilfe und Unterstützung, die wir nicht nur an diesem Tag bekommen haben. Die Feier war auch gleichzeitig eine Abschiedsparty. Wir wollten schließlich auf unbestimmte Zeit in den Honeymoon!

WIR SIND DANN MAL WEG!
23. JULI

Dann kam der Tag, auf den wir seit Monaten hingefiebert hatten. Noch fühlte es sich an, als würden wir nur für drei Wochen in den Urlaub fahren. Einzig der Inhalt unseres Rucksacks war etwas anders als sonst. Da wir sowohl in warme als auch in etwas kältere Regionen reisen wollten, mussten wir vom Schnorchel bis zu den Handschuhen alles dabei haben. Beim Packen wurde unsere Packliste wie erwartet noch einmal angepasst und um Funktionsunterwäsche erweitert. Die Trinkflaschen hingegen mussten aus Platzgründen zu Hause bleiben!

In den letzten Tagen gab es noch einiges zu tun. Ich brauchte noch das Visum für die Einreise in die Mongolei, da ich ja jetzt unter neuem Namen reiste. Einige Kisten und ein Haufen Klamotten wurden von A nach B geschoben, Computerdaten mussten doppelt und dreifach gesichert werden, ich musste noch meine Kredit- und EC-Karte neu beantragen, die Dankeskarten für die Hochzeit wollten verschickt werden, und da war ja auch noch die Reisekrankenversicherung, die wir tatsächlich erst am letzten Tag vor der Abreise abgeschlossen haben. Am Ende hatte fast alles geklappt, nur meine neue Kreditkarte ließ auf sich warten.

Und dann kam der Zeitpunkt, uns von unseren Familien zu verabschieden. Meine Eltern haben wir noch einmal an der Ostsee auf dem Campingplatz besucht, an dem sie fast jedes Wochenende im Sommer verbringen. Natürlich flossen ein paar Tränen. Es war ein komisches Gefühl, abzureisen und einfach weg zu sein. Obwohl wir ja schon seit Jahren nicht mehr in der Nähe unserer Eltern wohnten. Gleich würden uns Stefans Eltern zum Flughafen fahren. Um 15 Uhr 50 ging der Flieger in die Mongolei ab Berlin/Tegel.

Mongolei

PLANÄNDERUNG
24. JULI

Am ersten Tag unserer Weltreise änderten wir gleich unsere Reisepläne. Der Flug von Berlin nach Ulan Bator mit Mongolian Airlines war super. Hatte sich die Airline doch erst in diesem Jahr ein neues und überhaupt ihr erstes Flugzeug direkt ab Werk geleistet. Mit allem Komfort, den man erwarten kann. Unsere Unterkunft hat uns dann aber schnell wieder auf den Boden der Tatsachen zurückgeholt. Wir reisten mit kleinem Budget, das bedeutete: Wenn man weniger ausgibt, kann man länger reisen! Und so fanden wir uns in einem kleinen Hostel wieder, das in einem relativ armen und heruntergekommenem Viertel von Ulan Bator lag. Unser Gastgeber Gan war aber superfreundlich und hilfsbereit. Wir hatten die Unterkunft vorab bei ihm gebucht und auch mit ihm unsere weitere Reiseplanung für die Mongolei besprochen. Doch an die kargen Wände, staubigen Böden und einfachen Pritschen mussten wir uns erst einmal gewöhnen. Dagegen war die Couch in Stefans altem Kinderzimmer der pure Luxus gewesen. Völlig übermüdet machten wir uns noch am ersten Tag auf den Weg zur Chinesischen Botschaft. Wir wollten unser Visum beantragen und die Bearbeitungszeit für eine Rundreise durch die Mongolei nutzen oder umgekehrt. Unser Versuch, den Antrag auszufüllen, endete jedoch in reinster Frustration. Mehr als zwölf Seiten sollten wir ausfüllen und dabei den Herrschaften von der Botschaft unser ganzes Leben inklusive der Vermögens- und Familienverhältnisse unterbreiten. Dazu kamen noch unendlich viele Auflagen. Die persönliche Einladung in das Land, die man brauchte, war noch das geringste Problem. Denn zunächst gab es nicht einmal die Gewissheit, ob wir überhaupt ein Visum bekommen konnten. Wir hatten momentan weder einen festen Job noch einen festen Wohnsitz. Vielleicht war es der Stress der letzten Wochen oder aber unsere neu gewonnene Flexibilität, dass wir kurzerhand beschlossen, die Fahrt mit der Transmongolischen Eisenbahn nicht anzutreten und auch nicht durch China zu reisen. Stattdessen wollten wir nur noch einen Abstecher nach Peking machen, um die große Mauer zu sehen – denn für maximal 72 Stunden Aufenthalt gab es ein Visum *on arrival* – ganz ohne Bürokratie. Und

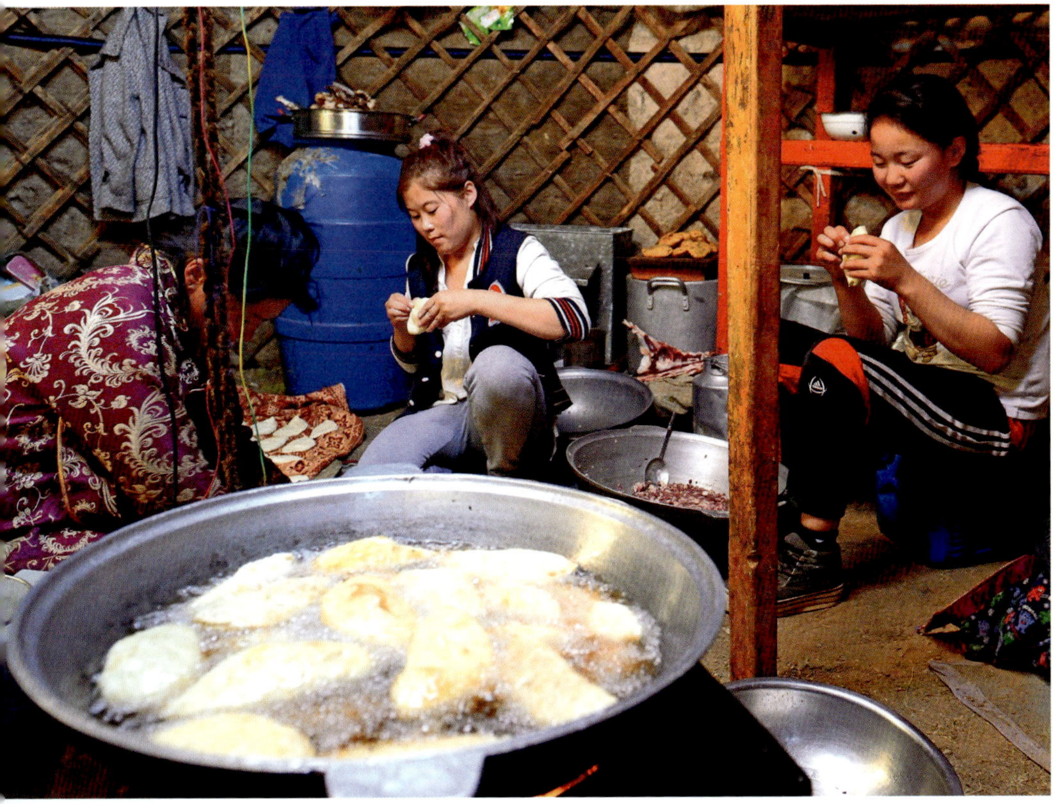

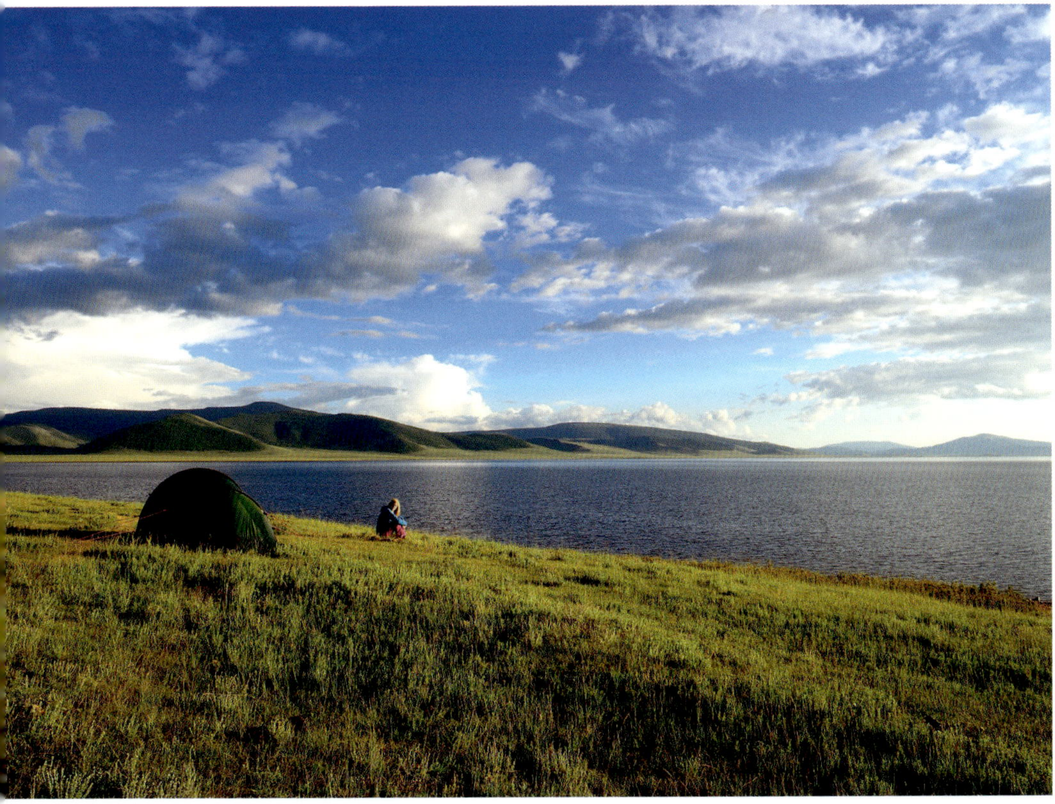

so änderten sich unsere Reisepläne nicht einmal 24 Stunden, nachdem die Reise begonnen hatte.

UNSER WEG DURCH DIE MONGOLEI MIT 4X4 MINIVAN
11. AUGUST

In den nächsten 15 Tagen sind wir mit einem Allrad-Minivan durch den zentralen Teil und den Norden der Mongolei gefahren (worden), haben Kultur und Menschen kennengelernt, weite Landschaften und hohe Berge gesehen. Unendliche Weite und Freiheit. Das wurde und von unserem Bekannten damals auf der Party versprochen – und genau das haben wir bekommen!

Unser Fahrer hieß Age und sprach leider (wie die meisten Mongolen) kein Englisch. Und wir verstanden natürlich kein Mongolisch. Irgendwie hat es aber doch funktioniert. Insbesondere nach ein bis fünf Wodkas wurde es mit der Verständigung leichter. Ansonsten bestanden unsere Konversationen hauptsächlich aus drei Wörtern: *car, lunch, stop.* Mithilfe dieser Wörter, wild durcheinander gewürfelt und in Kombination mit unseren Namen, konnten wir fast alle Verständigungsprobleme lösen. Lunch stand übrigens für Frühstück, Mittag- und Abendessen. Was ohne Worte funktioniert hat, war das Tanken. Wir haben gefühlt an jeder Möglichkeit vollgetankt, die sich uns bot. Der Mitsubishi Minivan war ein Schluckspecht, und das ging auch ganz schön aufs Budget. Neben den 65 US-Dollar für das Auto inklusive des ortskundigen Fahrers haben wir täglich noch einmal für 30 US-Dollar Benzin gebraucht (obwohl der Liter Super hier nur rund 80 Cent kostete).

Wir fuhren in den zwei Wochen mehr als 2.600 Kilometer, und in der Mongolei sind die meisten Straßen noch nicht asphaltiert. Kurz hinter der Hauptstadt war Schluss mit Asphalt. Dann begann das Nichts, und es ging ohne Straßenschilder und sonstige Verkehrsregeln kreuz und quer durchs Land über irgendwelche Pisten – natürlich deutlich langsamer als auf Asphalt. Wenn es geregnet hat, kann so eine Piste auch mal ziemlich rutschig werden und die Durchschnittsgeschwindigkeit auf unter 20 Stundenkilometer sinken. Und, ja, es hat zwischendurch viel geregnet, weshalb wir oft nur sehr, sehr langsam vorankamen. Es gab Tage, an denen wir zwölf Stunden im Auto saßen – Aber so zogen wir natürlich auch ein Stück aufmerksamer durch das Land. Was sich durchaus gelohnt hat, denn die Mongolei ist wirklich schön! Unendlich weite Steppen mit kleinen Hügeln am Horizont in den Aimags (das sind quasi die Bundesländer in der Mongolei) Dungow und Töv, faszinierende Berglandschaften mit Flussläufen am Orkhon und Selenge und Seen eingebettet von Bergen und Wäldern im Aimag Khuvsgul. Überall standen kleine weiße Jurten (die traditionellen Behausungen der Mongolen), die ganz im Norden durch zunehmende Baumvorkommen auch mal von Blockhütten ergänzt wurden.

Die Städte in der Mongolei sind klein und einfach gehalten. Viele Mongolen haben hier ihr Winterhaus. Im Sommer ziehen sie mit ihren Tieren und den Jurten durchs Land. Die Hauptstadt Ulan Bator ist somit die einzig wirklich große Stadt. Hier lebte im Jahr 2013 ca. die Hälfte der drei Millionen Einwohner der Mongolei. Das macht die Stadt dennoch nicht besonders spektakulär. Für uns jedenfalls.

DAS NAADAM-FEST

Die ersten zwei Tage unserer Reise verbrachten wir bei einem Naadam-Fest in dem Heimatort unseres Fahrers Age, sodass wir gleich Familienanschluss hatten. Hauptsächlich wurden wir an diesem Tag von Ages Tochter Suga begleitet. Naadam ist das höchste Fest der Mongolen, das im Juli gefeiert wird (in Ulan Bator immer vom 11. bis 13. Juli, also um den Nationalfeiertag herum und in den anderen Regionen auch noch bis Ende Juli). Das Ganze ist eine sportliche Angelegenheit, bestehend aus Pferderennen, Ringen und Bogenschießen, den Nationalsportarten. Das Coole an diesem Fest war, dass es wirklich ein Fest der Mongolen war. Kein kommerzielles Getue oder künstlich geschaffene Tradition. Insgesamt waren vielleicht zehn Europäer anwesend. Die restlichen rund 2.000 Besucher waren Mongolen. Das ist schon eine beachtliche Menge, wenn man bedenkt, dass in dem Aimag, wo das Fest stattfand, gerade einmal 0,68 Einwohner pro Quadratkilometer leben.

Nach der Eröffnungszeremonie mit viel mongolischer Musik, ein paar Reden und Gebeten (von denen wir absolut nichts verstanden haben) ging es zum Pferderennen. Das darf man sich nun nicht wie in Europa vorstellen mit Rennbahn oder so. Die Pferde mit Reitern, die zwischen sechs und elf Jahren alt waren, sammelten sich irgendwo, und irgendwann ging es dann los. Einen Startschuss haben wir nie mitbekommen, aber nach 22 Kilometern Rennstrecke kamen die Zuschauer vor dem Zieleinlauf zusammen. Und es war so wie bei allen anderen Rennen: Nachdem der Erste durchs Ziel war, wurde es uninteressant. Immer mal wieder kam auch nur ein Pferd – ohne Reiter – ins Ziel. Wir besuchten auch die Ringkämpfe. Das Ringen war für einen Nichtkenner erst einmal etwas unübersichtlich, aber es fand zumindest in einem Stadion statt mit Sprecher und netten Musikeinlagen zwischendurch. Dass einige Zuschauer zu Pferd im Stadion waren, war offenbar normal (spart ja auch Sitzplätze), und Sicherheitspersonal gab es im Stadion sowieso nicht. Beim Pferderennen hingegen schon. Da hatte die örtliche Polizei ihren großen Auftritt. Parkplätze wurden im Übrigen zugewiesen, da der Mongole es gewohnt war, dort zu parken, wo er wollte. War ja auch völlig in Ordnung bei der Landesgröße und den wenigen Einwohnern. Zum Bogenschießen sind wir nicht mehr gekommen, denn das fand etwas hinter dem Festgelände statt. Es war aber auch die unpopulärste der drei Sportarten. Für uns war es faszinierend zu sehen, wie sich die Familien zurechtgemacht hatten, ihre Pferde präsentierten und sich zum Small Talk getroffen haben – eine gute Gelegenheit, wenn Nachbars Jurte sonst zehn Kilometer entfernt liegt.

IN DER JURTE

Bereits in der ersten Nacht auf unserer Reise wurden wir von Age eingeladen, in seiner Jurte zu schlafen, da diese auf unserem Weg lag. Insgesamt besaß die Familie von Age drei Jurten und war damit, so vermuteten wir, wohlhabend. Eine Jurte diente zum Kochen und zur Aufbewahrung der Gerätschaften, in einer kleineren Jurte wohnte der Opa, und in der zentralen großen Jurte spielte sich das restliche Leben ab. Hier standen auch die Betten der Eltern. Wir durften in der zentralen

Jurte schlafen. Eigentlich haben in dieser Nacht alle Familienmitglieder in dieser Jurte geschlafen. Aufgebaut waren die Jurten, die wir gesehen haben, so wie es auch in den Büchern beschrieben wird: Alle Jurten sind rund mit einem Eingang, der Richtung Süden zeigt. Innen links und rechts vom Eingang standen die Betten, hinten gegenüber vom Eingang stand ein Altar mit Buddha-Figuren und Bildern der Familie und in der Mitte ein Ofen und/oder Tisch. Zur Begrüßung wurden Schnupftabak und Milchtee gereicht. Der Tee schmeckte echt ziemlich gut. Der Tabak na ja. Wir haben aber gelernt, dass es reicht, daran zu riechen und ihn dann weiterzugeben. Danach wurde es aber auch schon härter. Wenn man Glück hat, bekommt man süßes Gebäck und Grießbrei (besonders in Jurten, wo kleine Kinder leben); wenn man Pech hat, bekommt man Aaruul (eine Art Hartkäse – sehr herb) und Airag (vergorene Stutenmilch) serviert. Das war echt gewöhnungsbedürftig und musste erst mal verdaut werden. Dafür blieb uns aber keine Zeit. Denn schon folgte die erste Ladung Fleisch, entweder mit Reis oder selbst gemachten Nudeln oder frittiert in einer Teigtasche, was besonders Stefan geschmeckt hat. Am Abend gab es wieder Fleisch, diesmal in Form von mongolischen Spareribs – alternativ auf heißem Stein zubereitet –, Kartoffeln und anderem Gemüse, wobei ich Letzteres bevorzugt habe. Und danach gab es natürlich Wodka! In der Regel bleibt es bei diesen Einladungen nicht bei einem Verdauungsschnaps, sondern es wird die ganze Flasche geleert. Sicherlich hat die mongolische Küche noch mehr zu bieten, aber das waren die Dinge, die wir direkt »zu Hause« probieren durften, und man kann schon sagen, dass es bei den Mongolen zu Hause viel besser geschmeckt hat als im Imbiss in den Städten oder an den wenigen Touristenspots. Wer nach so viel Fleisch und Wodka auf die Toilette muss, der darf erst einmal ein Stück laufen. Irgendwo mitten in der Steppe kommt dann ein Loch mit einem Holzverschlag drumherum. Fertig!

FERIEN MIT ZELT UND WODKA

Die Mongolen, die wir kennenlernen durften, haben uns immer mit sehr viel Herzlichkeit und Gastfreundschaft empfangen. Im Aimag Töv haben wir eine wirklich liebe Familie besucht. Sie waren in unserem Alter und hatten einen kleinen Jungen. Eigentlich wollte Stefan nur die Jurte fotografieren. Daraus wurde dann ein ganzes Familien-Fotoshooting, und nach dem Mittagessen sind sie mit uns auf dem Motorrad rausgefahren und haben uns ihre Pferde gezeigt. Ein paar Tage später wurde es am Chöwsgöl-See feuchtfröhlich. Wenn Mongolen Ferien machen, dann packen sie ihr Zelt ein und fahren einfach irgendwohin. Gefeiert wurde jeden Tag und mit viel Wodka. Das endete dann an einem Abend so, dass selbst der selten tanzende Stefan mitten in der Mongolei zum damaligen Partysong Gangnam Style gezappelt hat. Und ich konnte auf die Frage nach deutschen Volksliedern nur noch »Auf der Reeperbahn nachts um halb eins ...« singen. Wer zu viel Wodka hatte, der wurde einfach links und rechts am Arm genommen und ins Zelt gelegt, als wäre es das Normalste auf der Welt.

Das Übernachten in unserem Zelt bescherte uns ein absolutes Freiheitsgefühl. Wir konnten eigentlich überall bleiben, wo es uns gefiel. Einfach mit dem Auto von der Piste abbiegen, über irgendeine Wiese fahren und schon hatte man den nächsten Platz zum Schlafen gefunden.

Nach über zwei Wochen kamen wir zurück nach Ulan Bator und mussten uns neu organisieren. Statt mit dem Auto ging es in der folgenden Woche weiter zu Pferd. Dafür mussten wir wieder Vorräte einkaufen, denn wie schon auf der Rundfahrt mit dem Auto waren wir für die Verpflegung verantwortlich. Das Kochen hatten wir uns in den vergangenen zwei Wochen mit Age geteilt. Age hat getrocknetes Fleisch mit Reis aufgekocht (die getrockneten Fleischstücke hat er dabei mit seinem Schraubenschlüssel für die Radmuttern auf Steinen zerkleinert), und wir haben meistens Nudeln gemacht. Wir gingen daher davon aus, dass es beim Reiten ähnlich laufen würde.

Nachdem sich an der chinesischen Visafront keine Veränderung ergeben hatte, buchten wir nun endgültig unseren Flug nach Peking und einen Weiterflug nach Kuala Lumpur, Malaysia. Mit genau 63 Stunden Aufenthalt in China – von maximal 72 möglichen! Dann stiegen wir aufs Pferd zur Tour durch den Gorkhi-Terelj-Nationalpark nordöstlich von Ulan Bator.

DURCH DIE MONGOLEI AUF DEM PFERD
18. AUGUST

Schon auf dem mongolischen Staatswappen lässt sich erkennen, was im Mittelpunkt des Lebens der Mongolen steht: das Pferd. Auf jeden Mongolen kam im Vorjahr rein rechnerisch ein Pferd. Reiten gehört hier einfach zum Leben. Wenn man also einen Trip zu Pferd machen will, dann in der Mongolei. Die Mongolenpferde waren mit einem Stockmaß von ca. 140 Zentimetern ungefähr so groß wie Islandponys. Gut für Stefan, den Reitanfänger, denn man fällt nicht so weit runter. Und gut für mich, da ich nur 160 Zentimeter groß bin, denn so kam ich leicht rauf. Unser Guide hieß Timor, ein sehr aufmerksamer, ruhiger Mensch, und auch er sprach so gut wie kein Englisch. Aber diesmal waren wir besser vorbereitet. Wir hatten uns in Ulan Bator ein Wörterbuch Englisch – Mongolisch mit Bildern zugelegt. Das hat uns echt geholfen. Wir waren mit insgesamt vier Pferden (jeder hatte eins zum Reiten, das vierte war das Packpferd) fünf Tage unterwegs. Stefan hatte anfangs einen ziemlichen Pferdeverschleiß. Das erste Pferd wollte nicht so wie er, deshalb wurde am Tag zwei das Packpferd für ihn umgesattelt in der Hoffnung, dass es besser lief zwischen Stefan und dem Tier. Mit dem Reiten wurde es auch besser, auch wenn das Pferd nach Stefans Meinung echt lahm war. Nur die Schmerzen im Hinterteil und in den Knien wurden nicht besser. Am Ende von Tag zwei lief Stefan dann nur noch neben dem Pferd her. Somit lagen alle Hoffnungen auf Tag drei, der die Schmerzen zwar etwas vergessen ließ, aber nur, weil ein 20 Stunden dauernder Regen etwas Kälte mit sich brachte. Die letzten zwei Tage brachten dann aber doch noch einen kleinen Reiterfolg für Stefan. Bergauf und querfeldein lief alles gut. Mir ging es zwar etwas zu langsam voran, aber Stefan (nicht das Pferd) war nun mal der limitierende Faktor in der Gruppe, und so musste ich warten. Immerhin war am Ende keiner vom Pferd gefallen.

DIE VOR- UND NACHTEILE DES PFERDES

Das Pferd ist im Vergleich zum Auto ein relativ entspanntes Fortbewegungsmittel, wenn man denn das Sitzen auf dem Pferd gewohnt ist. Man spürt keine Schlaglöcher und braucht außerdem kein Benzin. Dieser doch eher unkalkulierbare Kostenfaktor hatte in den ersten zwei Wochen unser Budget etwas gesprengt. Pferde fressen Gras und trinken aus dem Fluss – beides war in der Mongolei kostenlos. Nicht zuletzt waren wir mit dem Pferd viel näher an der Natur dran, und wir rasten nicht einfach so durch die Landschaften. Aber wir wurden nass – dieser Punkt ging klar ans Auto. Viel Gepäck konnten wir auch nicht mitnehmen – brauchten wir aber auch nicht, weil frische Klamotten nach einem Tag so sehr nach Pferd riechen, dass wir unsere alten Klamotten gleich anbehalten konnten. Dafür kamen wir aber mit dem geduldigen und belastbaren Pferd überall durch, wo das 4×4-Auto schon längst stecken geblieben wäre. Und auch wenn Stefan davon überzeugt war, nie wieder ein Pferd zu besteigen, war der Trip eine coole Erfahrung. Während eines Sommerurlaubs von 14 Tagen hätten wir so etwas wahrscheinlich nie gemacht.

WASSER UND FEUER

So trocken wie es in der Mongolei meistens ist, gab es doch immer wieder ganz schön viel Regen. An den großen Flüssen ließen sich immer wieder Flussterrassen erkennen, die nach den Regenfällen durch das Anschwellen der Wasserspiegel entstanden waren. Am letzten Tag unserer Reittour war der Wasserstand des Terelj-Flusses beispielsweise so hoch, dass weder Pferd noch Auto passieren konnten. Lediglich die ganz großen Lkw haben es geschafft. Für uns blieb eine kleine Brücke am anderen Ende der des kleinen Orts, wo unser Pferdeguide Timor lebte. Das Fluss- und Bachwasser diente uns aber während der ganzen Woche als Trinkwasser in Form von Tee, zum Kochen, Abwaschen und Baden. Draußen in der Wildnis gab es nur eins, was bei Regen half: Feuer! Was für ein Glück, dass Stefan als Feuermeister *himself* auf dieser Reise dabei war. Seine große Aufgabe bestand darin, an Tag drei unserer Pferdetour Feuer zu machen, wobei gesagt werden muss, dass es eine ganze Nacht und einen ganzen Tag lang goss. Das erste

Feuer musste bereits am Mittag entzündet werden, weil ich so durchgefroren war. Das ging noch einigermaßen gut, am Abend war das Holz jedoch so nass, dass nur noch unser Gaskocher half, um das Feuer zu entzünden. Stefan meinte, es sei ihm noch nie so schwergefallen, ein Feuer zum Brennen zu kriegen – und er hat schon einige Feuer in seinem Leben entfacht. Es war ein wirklich schönes Gefühl, als die Sachen an uns wieder trockneten, auch wenn das schon mal ein paar Stunden am Feuer dauerte. Mit ein oder zwei Wodkas wurde uns dann noch mal etwas wärmer. Unser armer Guide Timor hatte nur ein altes Zelt dabei. Das stand zwei Nächte lang vollkommen unter Wasser. Wobei die Nächte im August nicht gerade von warmen Temperaturen geprägt waren. Ende August begann bereits der Nachtfrost. Ein guter Schlafsack war da schon sehr empfehlenswert. Den hatte er natürlich auch nicht. Aber der Bursche war hart im Nehmen. Nur am Feuer haben wir ihm angemerkt, dass auch er sich über die Wärme gefreut hat.

SO WAR DIE MONGOLEI

Die Mongolei ist ein schönes und interessantes Land. Die Lebensweise war so anders als bei uns. Um es in knapp vier Wochen kennenzulernen, ist das Land aber viel zu groß. Man sollte auch nicht in die Mongolei reisen, wenn man keinen Wodka trinkt und/oder Vegetarier ist. Es sei denn, man will nichts mit den Einheimischen zu tun haben, und das geht nur mit einer organisierten Tour von Europa aus, nicht aber als Individualreisender.

Zurück aus dem Gorkhi-Terelj-Nationalpark ging es mit dem Bus, der einmal täglich nach Ulan Bator fuhr. Nach insgesamt vier Wochen Mongolei wollten wir am nächsten Morgen weiter zu unserem Peking-Kurztrip. War aber kein Problem, denn die Japaner schaffen Europa in zehn Tagen, also warum sollten wir Peking nicht in drei Tagen schaffen?

China

DIE GROSSE MAUER OHNE VISA
23. AUGUST

Am Montag in der Früh standen wir also am Flughafen von Ulan Bator – ohne China-Visa. Und dann sagte die gute Dame am Air-China-Schalter: »*Sorry, no visa, no boarding pass!*«, gab uns unsere Rucksäcke zurück und verwies uns an das Office der Air China. Dort stellte sich heraus, dass sie bei der Überprüfung des Weiterfluges morgens (a. m.) und abends (p. m.) verwechselt hat und somit bei unserem Aufenthalt in Peking mehr als 72 Stunden errechnet hatte. Was für eine Aufregung. Wir also wieder hin zum Schalter, und nachdem auch unsere Unterkunft autorisiert und alles per E-Mail nach Peking geschickt worden waren, durften wir mitfliegen. In Peking stellte man sich nicht so an, konnte rechnen und ließ uns für unsere 63 Stunden in China einreisen.

DER WEG ZUR GROSSEN MAUER

Die Chinesische Mauer ist mit einer Gesamtlänge von knapp 8.800 Kilometern, wobei Naturbarrieren wie Flüsse und Berge hinzugerechnet werden, das größte von Menschen jemals errichtete Bauwerk. In der mehr als zweitausendjährigen Geschichte der Chinesischen Mauer sind viele Teile zerfallen oder ganz verschwunden. Mittlerweile wurden einige Abschnitte restauriert und für Touristen zugänglich gemacht. Besonders bekannt und von Hunderttausenden Touristen besucht ist der Teil bei Badaling, der etwa 50 Kilometer von Peking entfernt ist. Da wollten wir hin. Chinesischer Massentourismus in seiner reinsten Form! Dazu gehörte für uns natürlich auch, uns nicht mit einem privaten Shuttle fahren zu lassen, sondern ganz chinesisch mit Bus und Bahn nach Badaling zu kommen. Die Bahnfahrt war mit sechs Yuan (ca. 73 Cent) pro Fahrt und Person im Übrigen die günstigste Möglichkeit, um von der Innenstadt Pekings direkt zur großen Mauer zu gelangen. Und genau das dachten auch Hunderte Chinesen, und so war die Schlange am Ticketschalter um kurz vor acht Uhr schon so lang, dass die nächsten drei Züge bereits ausgebucht waren (es wurden pro Zug nur so viele Karten wie Sitzplätze verkauft). Na ja, wir hatten ja sonst nichts vor an dem Tag. Also haben wir die Tickets gekauft und uns für den Zug um 10:57 Uhr ganz brav am Ende der Schlange außerhalb des Bahnhofs als einzige Nichtchinesen angestellt. Um halb neun kam Bewegung in die Sache, und die Warteschlange durfte sich vom Vorplatz der Nordbahnhofs in die Wartehalle bewegen, was bedeutete, dass wir schon mit dem Zug um 09:02 Uhr mitkamen – warum auch immer! Wir sprechen ja kein Chinesisch und haben die Durchsagen nicht verstanden. Aber ganz wichtig: immer mit der Masse mitbewegen. Als sich dann die Tür zum Bahnsteig öffnete, rannten die Chinesen los, als ob es im Zug etwas gratis gäbe. Es gab nämlich doch nicht für jeden einen Sitzplatz. Wir sind aber auch ohne Sitzplatz nach etwas mehr als einer Stunde Fahrt in Badaling angekommen. Da wir uns auf den totalen Touristenwahnsinn vorbereitet hatten, konnten wir die Massen, die Richtung Mauer strömten, fast ein wenig genießen. Es war regelrecht spannend mitanzusehen, wie sich ganze Familien mit Baby, Oma und Opa im Schlepptau und ausgerüstet mit Proviant für eine Woche zum höchsten Punkt des Mauerteils von Badaling aufmachten. Wir hatten lediglich eine Flasche Wasser dabei, sind aber trotzdem bis nach oben gekommen. Pausen gab es zwischendurch mehr als genug. Nicht nur aufgrund der Massen, die sich auf die Mauer hoch und wieder runter geschoben haben, sondern wegen der Fotostopps. Als hellhäutige Exoten unter Tausenden Chinesen waren wir fast so attraktiv wie die Mauer selbst. Meist waren es die jungen Mütter, die mich mit ihren Kindern fotografieren wollten, und die Männer, die mit Stefan ein Bild knipsten. Der Mauerabschnitt in Badaling war nicht nur vollkommen überfüllt, er glich auch ein wenig einem Freizeitpark: Es gab eine Sommerrodelbahn, mit der man ins Tal fahren konnte, und eine ziemlich alte Goldelbahn, die von einer anderen Seite fast bis ganz nach oben führte. Es gab aber auch Abschnitte auf der Mauer in Badaling, die nicht so extrem frequentiert waren. Nach dem höchsten Punkt kehrten die meisten nämlich wieder um. Deshalb konnten wir dort sehr entspannt verweilen und fanden tatsächlich Zeit, selbst ein paar Fotos zu machen.

Zurück nach Peking ging es mit dem Bus. In der Stadt ließ uns der Fahrer an einer U-Bahn-Station aussteigen. Nach kurzer Orientierungsphase fanden wir schnell

den Weg zu unserem Hostel – unser Trip zur großen Mauer hatte uns umgerechnet gerade einmal elf Euro pro Person gekostet.

SO WAR CHINA

Wir empfanden Peking als sehr entspannte Großstadt. Wenn wir durch einen der vielen Parks gingen, fühlten wir uns wirklich nicht wie in einer Stadt mit 20 Millionen Einwohnern. Und auch vom U-Bahn-System in Peking waren wir total begeistert, denn alles ist auch auf Englisch angeschrieben, so ist man nicht nur auf gut Glück unterwegs. Natürlich haben wir nicht viel von Peking gesehen, es war nur ein ganz kleiner Ausschnitt aus einem ganz großen Bild. Das Aufregende in der entspannten Stadt: Wir probierten viele für uns unbekannte Lebensmittel. Schließlich ist China für seine außergewöhnlichen Speisen bekannt. Nur an die gegrillten Insekten und Frösche haben wir uns nicht herangetraut. Naja, beim nächsten Mal vielleicht.

Malaysia

1. SEPTEMBER

Malaysia stand von Anfang an auf dem Plan, warum, wussten wir eigentlich beide nicht mehr so genau. Aber da der Flug Peking–Kuala Lumpur echt ein Schnäppchen war und wir ja sowieso ein Weiterflugticket brauchten, hatten wir uns an den Plan gehalten und waren nach Malaysia geflogen. Immerhin sollte uns dort endlich das Meer erwarten. Aber zunächst landeten wir in der großen Stadt: Kuala Lumpur.

Kuala Lumpur hat viele Gesichter – und viele Kulturen, die hier neben- und miteinander leben. Ein indisch-britisch-chinesisches Durcheinander im muslimischen Malaysia – so sahen wir es. Es wirkte alles ein wenig zusammengewürfelt, ein richtiges Zentrum wie in europäischen Städten konnten wir bei unseren ersten Erkundungstouren nicht ausmachen. Zunächst mieteten wir uns in einem der vielen Hostels ein. Das Zimmer galt zwar als Doppelzimmer, war aber nicht größer als fünf Quadratmeter und hatte kein Fenster. Von diesen Zimmern gibt es in Kuala Lumpur so einige. Für uns sehr gewöhnungsbedürftig. Immerhin gab es eine funktionierende Klimaanlage, denn die Luft in Kuala Lumpur war schwül und drückend. Wir waren aber nicht nur zum Vergnügen dort: Ich hatte mir meine neue Kreditkarte von meinen Eltern zum Hauptpostamt schicken lassen. Das Gebäude hatte mehrere Etagen, und ich wurde von einem Stockwerk ins nächste geschickt, bis ich schließlich im Keller landete. Aber auch dort hatte niemand einen Brief für mich. Man vertröstete uns, wir sollten in ein paar Tagen noch einmal kommen. Wir hatten eigentlich keine Hoffnung mehr, je an den Brief zu kommen. Bisher hatte alles ja auch mit Stefans Kreditkarte funktioniert. Also machten wir uns keine weiteren Gedanken und beschlossen, erst am Ende unseres Malaysia-Aufenthalts noch einmal nachzufragen. Kuala Lumpur haben wir dann auch schnell abgehakt. Lediglich die Petronas Twin Towers wollten wir uns anschauen. Als diese Zwillingstürme 1999 erbaut wurden, galten sie mit 452 Metern als die höchsten Häuser der Welt. Für einmal Fahrstuhl rauf- und runterfahren sollten wir allerdings umgerechnet fast 20 Euro zahlen. Für unser Budget etwas zu viel.

Das Geld haben wir lieber anders investiert und sind in die Sky Bar des Traders Hotel gegenüber gegangen. Von dort hatten wir einen perfekten Blick auf die Türme inklusive der Happy-Hour-Vergünstigungen – mehr wollten wir nicht.

ENDLICH ANS MEER

Für unseren ersten Aufenthalt am Meer hatten wir uns die Perhentian Islands ausgesucht und fuhren mit dem Bus von Kuala Lumpur bis Kuala Besut. Nach einer Übernachtung in diesem nicht gerade attraktiven Küstenörtchen düsten wir am nächsten Tag mit einem Speedboot weiter zu den Perhentian Islands. Für mich war es eine kleine Tortur, weil ich mir am Vortag im klimatisierten Bus eine Erkältung zugezogen hatte und nun nur am Schwitzen war. Die Perhentian Islands waren ein Paradies für Backpacker. Hier gab es die angeblich schönsten Strände in ganz Malaysia und die besten Schnorchel- und Tauchspots überhaupt. So stand es in den Reiseführern und Blogs. Bei der Ankunft dann aber die erste Ernüchterung; der Strand war weder unendlich lang noch extrem breit. Dicht an dicht drängten sich die Unterkünfte, und nachdem wir das erste Mal die Toilette in Mama's Café aufgesucht hatten, wollten wir am liebsten direkt wieder abfahren. Das Klo konnte man nämlich nur über einen maroden Steg erreichen, unter dem sich eine Müllkloake ausbreitete, in der zudem ein etwa eineinhalb Meter großer Leguan wartete. Außerdem regnete es auch noch! Vielleicht haben wir das alles leicht negativ gesehen, aber ich war krank und wollte nur noch ein Bett. Die Aufgabe, eine Unterkunft zu finden, fiel also Stefan zu. Dafür hat er buchstäblich die ganze Insel umrundet. Der Weg vom Strand führte durch den Wald und am Wasser entlang. Aber irgendwann war er einfach zu Ende, und anstatt umzudrehen, hat Stefan sich durch den Dschungel weitergekämpft. Was auch immer er da finden wollte, er musste immerhin nicht mit wilden Tieren kämpfen, sah aber nach seiner Rückkehr selbst ziemlich wild aus … doch eine Unterkunft hatten wir nach vier Stunden auf der Insel immer noch nicht. Mir ging es noch nicht besser, deshalb war es mir zu diesem Zeitpunkt auch schon egal, wo wir die nächste Nacht schlafen würden. Also sind wir kurzerhand einfach an dem Strand geblieben, wo wir gelandet waren.

Stefans Wanderung hatte aber dennoch etwas Gutes. Er hatte eine Unterkunft gefunden, die zwar ausgebucht war, aber genau dem entsprach, wonach wir suchten. Ein einfacher Bungalow direkt am Strand. Und wir hatten Glück. Am nächsten Tag wurde ein Bungalow frei, und wir konnten dort einziehen. Der Strand hieß Mira Beach. Wir sind fast acht Tage geblieben. Allerdings mussten wir zwei Nächte in unserem Zelt schlafen, weil zwischendurch alles ausgebucht war. Aber so offiziell wild am Strand zu zelten war auch ganz cool. Die Atmosphäre war sehr entspannt. Selbst der riesige Leguan, der sich abends immer angeschlichen hat, um die Essensreste abzustauben, störte uns nicht. Wir haben das erste Mal seit unserem Reisebeginn die Seele baumeln lassen. Zumindest haben wir es versucht.

Außerdem hatten wir ein wenig Zeit, um uns um unsere nächsten Reiseziele zu kümmern. Indonesien stand auf dem Plan. Dort wollten wir surfen und dann durchs Land reisen. Dafür wollten wir uns sogar eine Woche in einem Surfcamp gönnen. Purer Luxus! Solche Camps passten eigentlich so gar nicht zu unserem Reisebudget. Über Indonesien hatten wir schon lange gesprochen. Vor einigen Jahren waren wir schon einmal zusammen dort gewesen. Und jetzt wollten wir noch einmal hin und noch mehr vom Land kennenlernen. Und danach? Nepal! Ein Land, das bei uns ganz oben auf der Wunschliste stand. Wir wollten in Nepal wandern, und die beste Zeit für eine klare Sicht auf die Berge sollte im Oktober und November sein. Da wir flexibel mit der Zeit waren, suchten wir uns die günstigsten Flüge. Den Rest wollten wir dann drumherum bauen. Aber bevor wir weiter durch Asien jetteten, kam erst noch das Festland von Malaysia dran. Nach neun Tagen Perhentian Islands wollten wir etwas vom Dschungel sehen. Dachten wir ...

STREET ART UND TEE
9. SEPTEMBER

Der sogenannte Dschungelzug führte von Kota Bharu im Nordosten Malaysias in Richtung Süden. Wir fuhren nur mit bis Kuala Lipis. Der Zug war langsam, unzuverlässig und altmodisch, es gab keine Klimaanlage, und somit war es unglaublich heiß in den Waggons. Ob es daran lag oder an uns und unserer Grundeinstellung: Wir fanden es herrlich! Denn gerade weil dieser Zug so langsam und altmodisch war, machte genau das für uns den Reiz aus. Da die aktuellen Abfahrtszeiten nicht herauszufinden waren, fuhren wir auf gut Glück zum Bahnhof. Und das Glück war an diesem Tag mit uns, denn der nächste und gleichzeitig auch letzte Zug für diesen Tag fuhr genau 20 Minuten nach unserer Ankunft ab. Natürlich waren es dann keine 20 Minuten, sondern 50. Und für die 340 Kilometer brauchten wir neun Stunden. Was wiederum kein Wunder war, denn der Zug hielt gefühlt alle zehn Minuten. Menschen stiegen ein und aus. Und immer wieder wurde uns etwas zu essen angeboten. Mal gegen Bezahlung und mal einfach so. Es ging gemütlich zu. Keiner schien Stress zu haben, und für uns war es spannend, die vielen verschiedenen Menschen zu beobachten. Nur vom Dschungel haben wir auf der Strecke nicht viel gesehen.

Als wir in Kuala Lipis ankamen, war es bereits nach 23 Uhr und stockfinster. Unterwegs hatten wir von einem Mann namens Appu gelesen. Er sollte der »Master of the Jungle« sein, zumindest was den Kenong Rimba State Park betrifft. In diesen Park wollten wir hinein und dort ein oder zwei Nächte verbringen. Nach den Angaben des Reiseführers sollte auf Appus jahrzehntelange Erfahrung als Dschungel-Guide Verlass sein. Und weil er auch ein Gästehaus in Kuala Lipis führte, wollten wir dort übernachten. Das Zimmer, das Appu uns anbot, war allerdings nahe an der Grenze des Zumutbaren. Dann erfuhren wir als Nächstes, dass wir nicht ohne Guide im Dschungel zelten dürften. Wir hatten ja schon erwartet, dass es schwierig werden würde, aber Appu meinte, ohne Guide würden wir erstens nicht reinkommen, und außerdem sei der Pfad in einem so schlechten Zustand, dass selbst er bei seiner letzten Tour mit einer Reisegruppe das Ende nicht gefunden hätte und einen anderen Weg nehmen musste. Er empfahl uns dringend, nicht auf eigene Faust in den Dschungel zu gehen. Wir dachten zunächst, er würde vielleicht nur sich als Guide und seine Tour verkaufen wollen, aber das war nicht der Fall. Denn er ging die Tour erst ab vier Personen. Wenn er also nicht mal verkaufen wollte, dann mussten wir ihm wohl Glauben schenken. Er machte uns ein paar Vorschläge, was wir alternativ unternehmen könnten, aber nichts überzeugte uns so richtig. Auch sein Vorschlag, in Richtung Taman-Negara-Nationalpark zu fahren, überzeugte uns nicht. Außerdem waren wir müde und immer noch erschrocken darüber, wo wir in dieser Nacht schlafen sollten. Genau so hatten wir uns immer diese schrecklichen Gefängnisse vorgestellt. Wir beschlossen kurzerhand, dass wir schon noch die Gelegenheit auf eine Dschungelexpedition bekommen würden, aber jetzt nicht unbedingt dafür alles in Bewegung setzen müssten. Es gibt schließlich immer Alternativen. Und weil wir den angeblich schönsten Teil unsere Zugstrecke im Dunkeln passiert hatten, beschlossen wir, am nächsten Morgen mit dem ersten Zug auf derselben Strecke zurück bis Gua Musang (was in etwa auf der Hälfte der gesamten Strecke liegt) zu fahren, um von dort aus weiter Richtung Westküste zu reisen.

DER WEG RICHTUNG WESTKÜSTE

Gesagt getan. Am nächsten Morgen saßen wir um 07:30 Uhr im Zug. In Gua Musang hatte Stefan eine Tropfsteinhöhle als unser Tageshighlight ausgesucht. Der Weg dorthin war allerdings weder in unserem Reiseführer genauer beschrieben noch in irgendeiner Form beschildert. Und weil uns der Hunger plagte, verschoben wir die Suche nach der Höhle erst einmal auf später und gingen zum Frühstücken oder Mittagessen oder beides. Das Essen war undefinierbar, irgendwas mit Reis und verschiedenen komischen Soßen. Auf dem Weg zur Höhle kamen wir an einem Flipflop-Geschäft vorbei. Richtig, mitten im Nirgendwo ein ganzer Laden voller Flipflops! Stefan hatte seinen Flipflops bei seiner Inselumrundung auf den Perhenthian Islands den Rest gegeben, und so bot sich jetzt die perfekte Gelegenheit für neue Schuhe. Satt und neu ausgerüstet machten wir uns dann auf die Suche nach der Tropfsteinhöhle. Dabei wurden wir begleitet von einigen Jungs, die sich wohl erhofften, ein paar Ringget verdienen zu können. Ich hatte eher Angst überfallen zu werden, sodass ich irgendwann beschloss, mit dem ganzen Gepäck zu warten, während Stefan in die Höhle ging. Warum diese Höhle keine größere

Touristenattraktion war? Weil der Zugang so eng ist, dass ein gut genährter Europäer nicht durchpasst. Aber im Inneren öffnete sich ein Raum, der bis zu 30 Meter hoch und 20 Meter breit ist. Das war dann doch sehr beeindruckend, erzählte Stefan.

Natürlich ohne dass wir überfallen wurden, (wir sollten uns wirklich abgewöhnen, immer das Schlechte zu sehen, und positiver auf die Menschen zugehen ...) machten wir uns auf den Weg zurück in den Ort, um uns eine Verbindung Richtung Westküste zu suchen. Den täglichen Bus hatten wir leider verpasst. Taxi und Minibus waren auch keine funktionierenden Alternativen. So fanden wir uns am späten Nachmittag an der Straße als Autostopper wieder und beschlossen, dass unser Tagesziel die Cameron Highlands werden sollten. Dieses Hochland lag etwa auf der Hälfte der geplanten Strecke und war ein weiteres touristisches Highlight in Malaysia, das man laut Reiseführer auf gar keinen Fall verpassen sollte. Ein von Erosionen geplagtes Hochland als Touristenattraktion ... aus irgendeinem Grund faszinierte uns das so gar nicht.

Nach zwei Stunden vergeblichen Wartens standen wir immer noch an der Straße. Per Anhalter zu fahren funktionierte hier nicht ganz so einfach, wie wir uns das vorgestellt hatten. Dann hielt doch ein Auto an. Zwei Malaysier boten uns an, gegen Geld bis nach Tanah Rata in die Cameron Highlands zu fahren. Die Jungs fuhren anscheinend gern Auto und wollten sich etwas verdienen. Und wir wollten aus Gua Musang wegkommen, deshalb machten wir den Deal und ließen uns fahren. Die Cameron Highlands sind bekannt für ihre Tee- und Erdbeerplantagen. Unser erster Eindruck wurde jedoch geprägt von den gerodeten Hängen und Treibhäusern. Erdbeeren sind hier der Verkaufsschlager, und damit sind nicht die Erdbeeren an sich gemeint. Falls man mal ein Brainstorming für Merchandising-Artikel machen möchte, sollte man in die Cameron Highlands fahren. Alles, was ein Werbeartikelhandel anbieten kann, verkauften die Shops hier oben in Form von Erdbeeren. Ob Erdbeer-Regenschirm oder Erdbeer-Ohrenschützer,

Erdbeer-Ohrringe oder Riesen-Plüsch-Erdbeere, es gab wirklich alles als rote Erdbeere. Alternativ auch in rosa oder lila. Sogar zum Frühstück wurden wir mit Erdbeerpfannkuchen beglückt. Insgesamt waren es fast ein bisschen viel Erdbeeren. Wir konzentrierten uns lieber auf den Tee und besuchten auf eigene Faust die Bharat-Teeplantage. Auf eine organisierte Tour hatten wir keine Lust. So konnte Stefan dort ausgiebig fotografieren und sich Zeit lassen, bis der tägliche Regen im Hochland einsetzte. Nach der Hitze der letzten zwei Wochen waren insbesondere die kühlen Nächte eine echte Abwechslung. Um nach zwei Tagen weiterzukommen, entschieden wir uns ganz schnell für den Bus. Autostopp war einfach zu mühsam. Nächstes Etappenziel war Georgetown auf der Insel Penang. Georgetown – immerhin seit dem Jahr 2008 UNESCO Weltkulturerbe – gefiel uns sehr gut. Auch wenn wir eigentlich keine Stadtmenschen sind. Georgetown ist multikulti, ähnlich wie Kuala Lumpur, nur irgendwie sympathischer. Das war natürlich ein ganz persönlicher Eindruck. Vielleicht lag es am guten Essen oder am netten Frisör oder vielleicht auch einfach nur an der Tatsache, dass wir viel erholter waren als in Kuala Lumpur. Neben dem guten Essen war Kunst hier allgegenwärtig. Ob an alten Hauswänden, in kleinen Ateliers oder direkt im Café: Georgetown vermittelte uns den Eindruck, dass Künstler hier die Möglichkeit bekamen, ihren Platz zu finden, um sich zu verwirklichen. Neben dem gerade erst eröffneten und sehr liebevoll eingerichteten Kamera-Museum machten wir uns auf die Jagd nach den Wandbildern des Street-Art-Künstlers Ernest Zacharevic. Im Rahmen eines Projektes des Georgetown Festivals hatten einige der alten Häuser auf Penang ein neues Gesicht bekommen – zumindest was die Fassade betrifft. Die Wandbilder sind inzwischen eine echte Attraktion geworden. Einige Bilder haben ihren Glanz zwar schon wieder verloren, aber es kommen auch immer wieder neue Illustrationen von verschiedenen Künstlern hinzu. Wir ließen uns ein paar Tage durch die Stadt treiben. Nicht einmal das Sechs-Bett-Zimmer, in dem wir umgerechnet sechs Euro pro Nacht und Person gezahlt haben, machte uns etwas aus. Auch der sintflutartige Regen, der fast täglich die Straßen unter Wasser setzte, störte uns nicht. Plötzlich spürten wir, dass wir das tägliche Leben mehr und mehr gelassen nehmen konnten. Ein ungewöhnliches und neues Gefühl. Denn wir beide waren bisher eher Kontrolltypen gewesen, die die Dinge nicht einfach auf sich zukommen lassen. Diese Reise begann, uns zu verändern.

So machte uns auch die etwas chaotische Fahrt mit einem durchaus lebensmüden Busfahrer von Penang zurück nach Kuala Lumpur nicht viel aus. In Kuala Lumpur wollte ich noch einmal mein Glück bei der Post versuchen. Und tatsächlich: Der Brief war angekommen. Was so ein bisschen Gelassenheit doch bewirken kann. Nach dem Öffnen mussten wir jedoch feststellen, dass meine Eltern nicht die Kreditkarte, sondern die normale Bankkarte geschickt hatten. Damit konnten wir nur wenig anfangen. Die Bank hatte die neue Kreditkarte aus irgendwelchen Gründen nach Österreich an unsere alte Wohnadresse geschickt, und dort war sie dann auf immer verschwunden. Somit musste ich die Kreditkarte sperren lassen und nochmals eine neue bestellen. Diese sollten meine Eltern nach Denpasar auf Bali schicken. Da das Geldabheben bisher auch mit Stefans Kreditkarte ganz gut geklappt hatte, machte uns das Warten nicht weiter nervös. Während ich mit den Postmitarbeitern und Bankkarten kämpfte, hatte Stefan Kuala Lumpur als Shopping-Destination entdeckt. Objektive für seine Kamera waren hier um einiges günstiger als in Europa. Deshalb kaufte er kurzerhand zwei neue Objektive und erweiterte so seine fotografischen Möglichkeiten.

SO WAR MALAYSIA

Malaysia war bunt, vielfältig und international. Das hat uns einerseits sehr gefallen, andererseits war es uns manchmal auch etwas zu viel. Wir konnten uns nicht so ganz auf eine Sache einlassen, allzu schnell kam schon wieder etwas Neues; landschaftlich oder kulturell. Ob chinesisch oder indisch, kristallklares Wasser oder gerodetes Hochland. Malaysia bietet so viel, aber was davon wirklich malaysisch war, blieb für uns ein Rätsel. Es lag aber vielleicht auch an der kurzen Zeit, die wir insgesamt in Malaysia verbracht haben. In knapp drei Wochen haben wir viel mitnehmen können, vielleicht auch etwas zu viel und davon nichts so richtig. Touristisch war Malaysia sehr gut entwickelt, was das Reisen extrem einfach machte (wenn wir nicht gerade versuchten, per Autostopp weiterzukommen). Jedem, der zum ersten Mal mit dem Rucksack unterwegs ist, können wir Malaysia sofort ans Herz legen.

Indonesien

VISUMVERLÄNGERUNG AUF BALINESISCH
14. SEPTEMBER

Drei Flugstunden von Kuala Lumpur entfernt liegt Bali. Wir waren nicht zum ersten Mal auf dieser Insel. 2009 hatte uns unser allererster Asien-Trip schon einmal hierher geführt. Damals hatten wir mehr als 24 Stunden für die Anreise gebraucht. Wieder wurden wir nun mit dem Visum-Thema konfrontiert. Es fing schon während des Fluges nach Denpasar an. Ein Typ namens Felix hatte uns im Flugzeug angesprochen und nach Geld für das Visum gefragt. Ihm sei bei einem Zwischenstopp in Abu Dhabi sein Portemonnaie abhanden gekommen. Ob geklaut oder verloren konnte er nicht so genau sagen, aber weg war es nun einmal. Immerhin, sein Reisepass war noch da. Es war ihm sichtlich unangenehm, uns um Geld zu bitten, aber er hatte keine wirkliche Alternative. Für die Einreise nach Indonesien waren 25 US-Dollar fällig. Dafür gab es ein 30-Tage-Visum *on arrival.* Wir halfen ihm natürlich aus. Am Ende bekamen wir das Geld sogar noch am Flughafen zurück, da Felix dort von seiner Freundin abgeholt wurde. Sie bestand förmlich darauf, uns die 25 Dollar sofort zurückzuzahlen.

Das Geld hätten wir dann gleich für ein Taxi nehmen können, das uns zum Hotel bringen konnte. Denn ein Taxitransport vom Flughafen in die Stadt war nicht gerade günstig. Von den zwei großen Taxiunternehmen hatte nur eines die Zulassung, Touristen direkt vom Flughafen zu den Hotels zu bringen. Das wurde natürlich ausgenutzt. Die Fahrer verlangten das Vier- bis Fünffache eines normalen Preises für die Fahrt. Auch wenn wir hier von umgerechnet 20 statt vier Euro reden, ist es eben doch einiges mehr. Das konnte Stefan so nicht akzeptieren. Er hatte immer unser Budget im Blick und wollte eben nur die vier Euro zahlen, deshalb steckten wir die 25 Dollar ein, ließen alle Taxifahrer links liegen und schleppten uns mit Sack und Pack zu Fuß aus dem Flughafen. Auf dem Weg Richtung Ausgang trafen wir noch auf zwei Mädels, die die gleiche Idee hatten wie wir, und so beschlossen wir, außerhalb des Flughafens gemeinsam ein günstiges Taxi zu suchen und den Fahrpreis zu teilen. Es war nicht einmal nötig, bis zum Ende des Flughafens zu gehen. Der Weg zum Ausgang führte an einem Zaun entlang mit einer Straße auf der anderen Seite. Und schon war ein Taxi auf der anderen Seite des Zauns parat. Kurzerhand sind wir alle unter dem Zaun durchgekrabbelt, und der Fahrer fuhr uns alle tatsächlich für umgerechnet vier Euro bis Legian Beach.

Bali war kontrovers. Eine Insel zwischen den Extremen. Zwischen Massentourismus und Tradition, zwischen Überbevölkerung und Einsamkeit. Zwischen supergünstig und extrem teuer. Auf Bali gab es alles und nichts. Dort starteten wir unseren Indonesienaufenthalt. In den nächsten sechs Wochen wollten wir das Land erkunden. Wohin es genau gehen sollte, wollten wir noch herausfinden, denn wir hatten uns erst einmal eine Woche in einem Surfcamp eingebucht. Da sollte genug Zeit bleiben, um zu recherchieren, was wir wollten. Vorher mussten wir allerdings noch unsere Visa verlängern, da wir länger als 30 Tage im Land bleiben wollten. Eigentlich sollte das kein Problem sein, da wir Zeit, Geduld und ein Rückflugticket (in unserem Fall einen Weiterflug nach Nepal) hatten. Zunächst mussten wir die zuständige Behörde (Kantor Imigrasi) finden. Wir dachten ja, es wäre ganz schlau, mit dem Taxi hinzufahren, denn der Fahrer würde sich schon auskennen. Aber nix da, der Fahrer fand zwar die richtige Behörde, allerdings im falschen Ort. Denn Gäste, die in Legian wohnen, müssen zu dem Amt am Flughafen, nicht zu der Behörde in der Stadt. Am Ende standen wir also wieder am Flughafen von Denpasar. Beim Kantor Imigrasi wurde uns dann freundlich erklärt, wie der Ablauf funktionierte: Antrag ausfüllen, zwei bis drei Tage später zum Zahlen wiederkommen (wie sich herausstellte, waren es genau drei Tage, und man konnte nur an diesem bestimmten Tag bezahlen, nicht früher und nicht später …). Nach weiteren drei Tagen konnte der Reisepass wieder abgeholt werden (und er sollte auch genau dann abgeholt werden und nicht erst nach zwei Wochen). Kostenpunkt: 250.000 Rupien (rund 17 Euro). Auf das Theater hatten wir aber keine Lust, und nach einigem Hin und Her bot uns die nette Security-Dame vom Eingang Folgendes an: Antrag ausfüllen, am selben Tag wie Antragsabgabe bezahlen und zwei weitere Tage später den Pass wieder abholen.

Kosten: 700.000 Rupien (circa 46 Euro) und somit genau 450.000 Rupien für die Security-Dame. Denn bei diesem Verfahren bezahlten wir unsere Visumverlängerung vor dem Gebäude des Kantor Imigrasi und nicht am Kassenschalter. Wir gaben unsere Pässe der netten Security-Dame und vertrauten darauf, dass alles funktionierte. Zum Glück wurden wir nicht enttäuscht. Genau zwei Tage später holte Stefan unsere Pässe mit der Visumverlängerung ab – natürlich auch wieder vor der Tür. Im Endeffekt hätten wir das Ganze dann auch gleich über eine Agentur machen lassen können. Kostete ungefähr genauso viel und wäre wohl etwas entspannter abgelaufen. Auf der anderen Seite konnte man durchaus Geld sparen, wenn man Zeit und Geduld hatte. Offensichtlich noch nicht so ganz unsere Stärke.

BALI: SURFEN LERNEN ZWISCHEN REISFELDERN
27. SEPTEMBER

Vom Kantor Imigrasi ging es direkt ins Surfcamp im Nordwesten von Bali. Wir wollten endlich etwas Sportliches machen.

Die letzten acht Jahre hatten wir beim Skifahren in den Bergen verbracht. Das hatte uns zusammengeschweißt, denn wir waren dabei nicht nur Lebenspartner, sondern auch Sportbuddies geworden. Auch wenn man denken könnte, Ski fahren kann man auch allein … Fährt man abseits der Pisten, braucht man einen Partner, auf den man sich verlassen kann. Jedes Mal, wenn wir an einem tollen Hang standen, mussten wir zuerst das Risiko beurteilen und dann gemeinsam entscheiden, wo und wie wir in den Hang fahren wollten. Das Vertrauen, das man dem anderen entgegenbringen musste, war groß. Das Risiko, unter eine Lawine zu geraten oder abzustürzen, ließ sich nicht völlig abschalten. Das hatten wir in den letzten Jahren immer wieder mitbekommen. Aber der Spaß, durch den Tiefschnee zu fahren, und das gemeinsame Erlebnis am Berg waren uns das Risiko wert gewesen! Sport war bei uns beiden schon immer ein großer Bestandteil im Leben, daher konnten wir uns nur schwer vorstellen, auf Sport während unserer Reise zu verzichten.

Solange wir jedoch im Sommer unterwegs waren, fiel das Skifahren erst einmal weg. Zumal wir dafür auch verhältnismäßig viel Ausrüstung gebraucht hätten. Mit Ski, Stöcken, Skischuhen, Helm, Skianzug und Lawinenausrüstung war unbeschwertes Reisen mit nur einem Rucksack einfach nicht mehr möglich.

Zu Bali gehört das Surfen wie das Skifahren zu den Alpen. Jetzt wollten wir also das Surfen lernen. Wie bei so vielen Sportarten sehen die Anfänge natürlich einfacher aus, als sie tatsächlich sind. Fast eine Woche lang kämpften wir uns durch die brechenden Wellen, bis wir irgendwann endlich einmal auf dem Surfbrett stehen blieben. Zuvor waren wir gefühlt stundenlang gegen die Strömung gepaddelt, nur um an einem Punkt zu bleiben, von dem aus wir angeblich die nächste Welle reiten könnten. Aber anstatt auf der Welle zu reiten, hat uns das Wasser sofort wieder durchgespült. An manchen Tagen erlitten wir die pure Frustration. Aber dann kam dieser eine Moment, als wir es doch schafften, auf dem Surfbrett zu stehen und die Welle entlangzufahren. Das Gefühl war so gut und das Erfolgserlebnis so groß, dass wir die ganze Anstrengung und den Frust der Fehlversuche vergaßen und weitermachen wollten. Deshalb haben wir nach einer Woche noch eine Woche drangehängt. Wir haben uns vom Wasser immer wieder durchspülen lassen, aber schafften es auch immer wieder, aufzustehen und zu surfen. Es gab Tage, da lief es für mich besser, und es gab Tage, da hatte Stefan mehr Erfolg in den Wellen. Aber es hatte uns beide gepackt, wir wollten weitermachen. Trotz Salzwassernasenduschen und vom Paddeln ermüdeter Arme: Für das unglaubliche Gefühl, auf der Welle zu reiten, war uns der tägliche Kampf im Wasser jede Anstrengung wert. Und so kämpften wir weiter … Nach zwei Wochen im Surfcamp wollten wir immer noch nicht aufhören und weiter surfen. Wir waren fest davon überzeugt, dass es nur besser werden konnte. Ausrüstungstechnisch betrachtet ist das Surfen ja auch ein relativ einfacher Sport. Man braucht eigentlich nur eine Badehose/ einen Bikini und ein Surfbrett. Okay, ein Surfbrett hatten wir zwar nicht dabei, aber das konnten wir uns leihen. Und so stand der Plan: Auf der weiteren Reise durch Indonesien sollte das Surfen ein wichtiger Bestandteil bleiben.

Die Zeit im Surfcamp war auch ein Stück weit Urlaub für uns gewesen. Weil wir nicht damit beschäftigt waren zu überlegen, wo wir die nächste Nacht verbringen konnten, hatten wir genügend Zeit für die Leute um uns herum. Surfen verbindet, und so gab es immer ein Thema, über das man sprechen konnte. Auch für unsere weitere Reise konnten wir gemeinsame Pläne schmieden, und mit ein paar Tipps der Surf-Guide-Jungs konnten wir sogar den Plan, weiter zu surfen, in unsere Reise integrieren. Von Bali sollte es weiter Richtung Java gehen, und dort wollten wir insbesondere den Osten der Insel erkunden.

ABSTECHER IN DIE HÖLLE ...
30. SEPTEMBER

Java bot uns jede Menge Möglichkeiten, Vulkane zu erobern, denn es gab über 40 Vulkane, die mehr oder weniger aktiv waren. Ganz im Osten befindet sich das Ijen-Plateau mit einem Vulkan, der für seinen Schwefelabbau bekannt ist – unser erstes Ziel auf Java. Zu erreichen war der Ijen-Krater mit einer geführten Tour von Banyuwangi oder Bondowoso aus. Man konnte es aber auch kompliziert machen und versuchen, mit öffentlichen Verkehrsmitteln anzureisen. Wir wählten natürlich die komplizierte Variante ... Von Bali fuhren Überlandbusse nach Java. Die Busse waren jedoch alt, sehr alt. Bei jedem Schlagloch klapperte es so laut, dass man denken konnte, das Fahrzeug würde Java nur noch in Einzelteilen erreichen. Doch trotz der Alterserscheinungen und der offensichtlichen Mängel machten die Busfahrer den Eindruck, als wären sie für ein Formel-1-Rennen ausgerüstet und legten auch das entsprechende Tempo vor. Auf Indonesiens Straßen galt offensichtlich das Recht des schnelleren und stärkeren also größeren Fahrzeuges. Für uns bedeutete das knapp fünf Stunden Angst. Lediglich während der Fährüberfahrt ging es entspannter zu. Da musste der Bus nämlich stehen. Wir ließen uns in Situbondo absetzen, es war kurz vor dem Dunkelwerden. Situbondo war ein relativ kleiner Ort, aber ein Hotel war trotzdem schnell gefunden, und die Übernachtungspreise waren mit 60.000 Rupien (ca. vier Euro) für das Zimmer recht moderat. Zum Essen gingen wir in ein kleines Straßenrestaurant. Es gab ganz klassisch Mie Goreng, also gebratene Nudeln. Offensichtlich war, dass Situbondo nicht allzu oft Gäste aus Europa hatte, denn wir spürten sehr deutlich die neugierigen Blicke. Nur ansprechen mochte uns keiner. Im Anschluss ans Abendessen organisierten wir uns noch ein paar Früchte und Wasser – am nächsten Morgen wollten wir früh weiter.

Wir bestiegen also Bus und Bemo (Kleinbus) und kamen gut voran. Auch wenn der Bemo während unserer Fahrt mindestens dreimal komplett entladen und wieder beladen wurde, weil irgendwer ein- oder aussteigen wollte und natürlich seinen halben Hausstand mitführte, ging doch alles recht schnell. Die Indos waren echte Packtalente. An einer Schranke, die von uniformierten Sicherheitsmännern bewacht wurde, wurden auch wir ausgeladen. Hier war angeblich Schluss. Weiter ging es nicht. Zunächst mussten wir uns registrieren lassen. Warum und wieso konnte uns leider keiner sagen, da niemand von den Sicherheitsmenschen auch nur ein Wort Englisch sprach. Die einzige Möglichkeit, jetzt noch weiter Richtung Ijen zu kommen, war per Ojek (Motorrad mit Fahrer). Die wartenden Fahrer informierten uns, dass es von hier aus noch etwa 13 bis 35 Kilometer nach Pos Paltuding waren. So hieß der Ort, wo wir eigentlich hin wollten. Die Angaben über die Entfernung schwankten wie der aktuelle Wechselkurs, der Preis hingegen war fix: 50.000 Indonesische Rupien pro Person wollten die Herren haben. Da kam doch schnell die Vermutung auf, dass dieser Vorgang einem bestimmten System folgte, denn Busrouten enden in der Regel ja nicht im Nirgendwo, und handeln kann man in Indonesien bei jedem Geschäft. Aber jetzt standen wir an dieser Schranke und kamen nicht weiter. Also blieb uns nichts anderes übrig, als das Ojek zu akzeptieren. Die Streckenlänge kam am Ende näher an 13 als an 35 Kilometer ran. Wir fühlen uns zwar verarscht, nahmen es aber sportlich und planten für den Rückweg eine andere Strategie.

Pos Paltuding hatte genau eine Übernachtungsmöglichkeit, die schwer grenzwertig war. Ein einfaches Bett stand in einem Raum, der sehr heruntergekommen war.

Übers Bad konnten wir uns nicht beschweren, es gab nämlich keines. Kalt war es auf der Höhe von rund 1.800 Meter auch noch, sodass wir zum Schlafen unsere Klamotten anließen und somit am nächsten Morgen um vier Uhr recht schnell fertig waren, um zum Sonnenaufgang auf den Kraterrand des Ijen in 2.368 Meter Höhe zu steigen.

Im Krater des Ijen gab es einen Säuresee mit einem pH-Wert von 0,2. Direkt daneben brachen die Arbeiter mithilfe von Stangen den Schwefel ab, der sich am Ende eines Rohres abgelagert hatte, das den flüssigen Schwefel an die Oberfläche beförderte. Die Luft im Krater war kaum zu ertragen. Das Schwefelgas brachte die Augen zum Tränen, und ein pelziger Geschmack legte sich auf die Zunge. Drehte sich der Wind auch noch ungünstig, wurden wir von der Schwefelgaswolke eingehüllt, und das Atmen ohne Maske war fast unmöglich. Als wir in den Krater hinabstiegen, hatten wir kurzzeitig das Gefühl, mitten in der Hölle gelandet zu sein. Für ein paar Minuten und einmal im Leben mochte das alles ja noch auszuhalten sein, aber die Arbeiter, die den Schwefel aus dem Krater trugen, waren diesen widrigen Bedingungen über Jahre, wenn nicht sogar Jahrzehnte ausgesetzt und hatten dabei nur ein feuchtes Tuch, das ihren Atem schützte. Dass fast alle auch noch Kette rauchten, war da auch schon egal. Die Schwefelbrocken wurden in Körben oder in Schultertaschen ins Tal getragen. Eine Ladung wog zwischen 70 und 90 Kilogramm. Die Arbeiter am Ijen schleppten zweimal pro Tag diese Last vom Berg ins Tal. Sie wurden pro Kilo bezahlt. Die Waage am Ende des Weges entschied somit über den Tageslohn. Auch wenn die Körper der Arbeiter auf den ersten Blick ziemlich durchtrainiert wirkten, auf den zweiten Blick erkannten wir die Verletzungen im Schulterbereich, die das Tragen der schweren Lasten mit sich brachte.

Warum machten Menschen einen so harten Job? Wir konnten die Körbe nicht einmal anheben und hatten es nicht länger als 20 Minuten unten im Krater ausgehalten! Einerseits war es schwierig, in dieser Gegend überhaupt einen Job zu

bekommen. Java war überbevölkert und arm. Da nimmt man wohl fast jeden Job an. Die Arbeiter am Ijen wurden aber auch bewundert. Die Besucher (meist selbst Indonesier) waren von den Arbeitern, die sich gern für ein paar Zigaretten fotografieren ließen, schwer beeindruckt. Nicht zuletzt hatte der Schwefelabbau am Ijen hat eine gewisse Tradition, die man zu erhalten versuchte.

Am frühen Nachmittag wollten wir uns wieder auf den Rückweg machen. Diesmal wollten wir aber die Fahrt bestimmen und uns selbst ein Fahrzeug wählen. Wir wetteten, wer als Erster eine Transportmöglichkeit Richtung Banyuwangi finden würde, und innerhalb von fünf Minuten hatten wir einen mit Schwefel beladenen Lastwagen (hat Stefan klargemacht) und ein komfortables Auto (habe ich angehalten) zur Auswahl. Das Auto ist es dann geworden, weil es uns direkt nach Banyuwangi fuhr. Von dort sollte es wieder Richtung Meer gehen.

EIN SURFBRETT FÜR ZWEI
9. OKTOBER

Irgendwie waren wir als Reisende wohl immer auf der Suche nach dem schönsten Platz von allen. In der Mongolei suchten wir jeden Tag aufs Neue das Optimum zum Zelten. Auch im Optimieren der Unterkünfte (wenn wir vorab buchen konnten) waren wir ganz groß. Andererseits mussten wir uns auch mal locker machen, denn es gab so viele schöne Plätze und Betten. Da arbeiteten wir beide noch dran. In Indonesien waren wir nicht nur auf der Suche nach dem optimalen Schlafplatz, sondern auch nach dem für uns geeignetsten Surfspot. Für uns Anfänger war das gar nicht so einfach. Klar, wir konnten auf Internetportalen wie wannasurf oder magicseaweed suchen, aber meist landeten wir bei den großen bekannten Spots, die für uns noch ungeeignet und völlig überlaufen waren. Da hatten wir keine Chance, auch nur eine einzige Welle zu bekommen. Und so gelangten wir nach vielem Nachfragen und umfangreicher Recherche an diesem Strand im Südosten von Java: Pulau Merah oder auch Red Island.

Es war ein kleines Paradies, ein drei Kilometer langer Sandstrand mit einer kleinen buschigen Insel am Ende. Hier hatten wir das Meer und die Wellen fast für uns allein, denn was dem Ort bislang fehlte, waren Unterkünfte. Zwar gab es einige *homestays* (Privatunterkünfte) und auch ein kleines Surfcamp, aber für Touristenmassen gab es nichts. Von Montag bis Samstag waren wir fast die einzigen Gäste im Ort. Nur Mick, der Betreiber des Surfcamps, schaute immer mal wieder kurz vorbei. Und dann war da noch Sam, ein Engländer, der auf dem Motorrad angekommen war und uns erzählt hatte, dass er Indonesien immer so und mithilfe der Navigation von Google Maps über Ohrhörer bereiste. Dies hatte uns sehr imponiert. Diese Art des Reisens wäre doch auch denkbar für uns, dachte Stefan. Doch ich hätte dafür Motorrad fahren lernen müssen. Jetzt war aber erst einmal das Surfen dran.

Wir wohnten in einem kleinen Zimmer, in dem nur eine Matratze lag, und teilten das Bad mit den Vermietern, einem jungen Pärchen: Pipin und Yan. Pipin erwartete in Kürze ihr erstes Baby, Yan arbeitete in der nahe gelegenen Goldmine, die von Australiern betrieben wurde. Zum Surfen war der Platz für uns wunderbar geeignet. Die Wellen waren relativ klein, so konnten wir jeden Tag üben. Einziges Problem: Wir hatten kein eigenes Surfbrett! Es gab zwar Boards zu leihen, aber die waren entweder zu groß oder zu klein. Nur Jogi von der Strandbar hatte ein Brett, das ungefähr die Größe hatte, die wir brauchten, und so beschlossen wir kurzerhand, das eine Board zu teilen. Anstatt *two for one* war diese Woche *one for two* angesagt!

Sonntags war man in Pulau Merah allerdings nicht allein. Denn am Sonntag war Ausflugstag. Am vergangenen Sonntag hatten wir das Ausflugsspektakel der Indonesier bereits am Vulkan Ijen beobachtet. Nun wiederholte es sich am Strand. Es war nicht so, dass Millionen Menschen an den Strand strömten, aber es waren immerhin ein paar Hundert, die den Weg in das kleine Dorf fanden. Wir hatten uns schon gefragt, warum die Hälfte der Strandbuden hier überhaupt herumstand und nie öffnete. Am Sonntag hatten alle Strandbuden geöffnet, Parkplätze wurden für die Besucher abgeteilt und Auto- und Mopedfahrer wurden zur Kasse gebeten. Den ganzen Tag über zog sich eine dichte Staubwolke von den ankommenden und wieder wegfahrenden Fahrzeugen durch das Dorf. Am Strand wurden Sonnenschirme und Liegen aufgestellt und vermietet, und fliegende Händler verkauften alles, was ess- und trinkbar war. Die Kinder saßen am Strand und freuten sich über jede Welle, die sie fast wegspülte. Dass keines von ihnen schwimmen konnte, störte niemanden. Sie hatten einfach nur Spaß. Trotzdem oder vielleicht auch gerade deshalb gab es eine Badeaufsicht am Strand – nur sonntags natürlich. Für uns war Sonntag der Fototag. Besonders mir war es nicht möglich, ohne »Foto machen« ins Wasser zu gelangen. Auf den 100 Metern von Jogis Strandbar bis ins Wasser wurde ich von mindestens zehn Indonesiern abgefangen, die ein Foto mit mir machen wollten. Auf der einen Seite war das fast schon anstrengend, auf der anderen Seite ein lustiges Gefühl.

Spätestens nach dem Sonnenuntergang war der ganze Spuk dann wieder vorbei, und die Autos und Mopeds waren alle verschwunden – auch wenn es noch den ganzen Abend dauerte, bis sich die Staubwolke gänzlich aus den Dorf verzogen hatte. In der Strandbar waren wir wieder die einzigen Gäste, und an dem Platz, wo sonntags die Autos parkten, würde am Montag wieder der Sportunterricht abgehalten werden.

Vor ein paar Tagen wurde Geburtstag gefeiert. Ich bin 29 Jahre alt geworden, und Stefan hat alles gegeben, um mir einen wunderschönen Tag zu bereiten – inklusive des eigenen Surflehrers mit privater Welle. Denn ich war mit meinem Coach allein im Wasser und konnte so viel surfen, wie ich wollte oder schaffte. Es gab Wassermelone statt Geburtstagstorte und Sonne statt Regen und am Abend Fisch-BBQ bei Jogi in der Strandbar.

Das kleine Paradies, in das wir uns wirklich ein wenig verliebt hatten, befindet sich mittlerweile an einem Scheideweg. Denn es wurde Gold gefunden, und man sucht

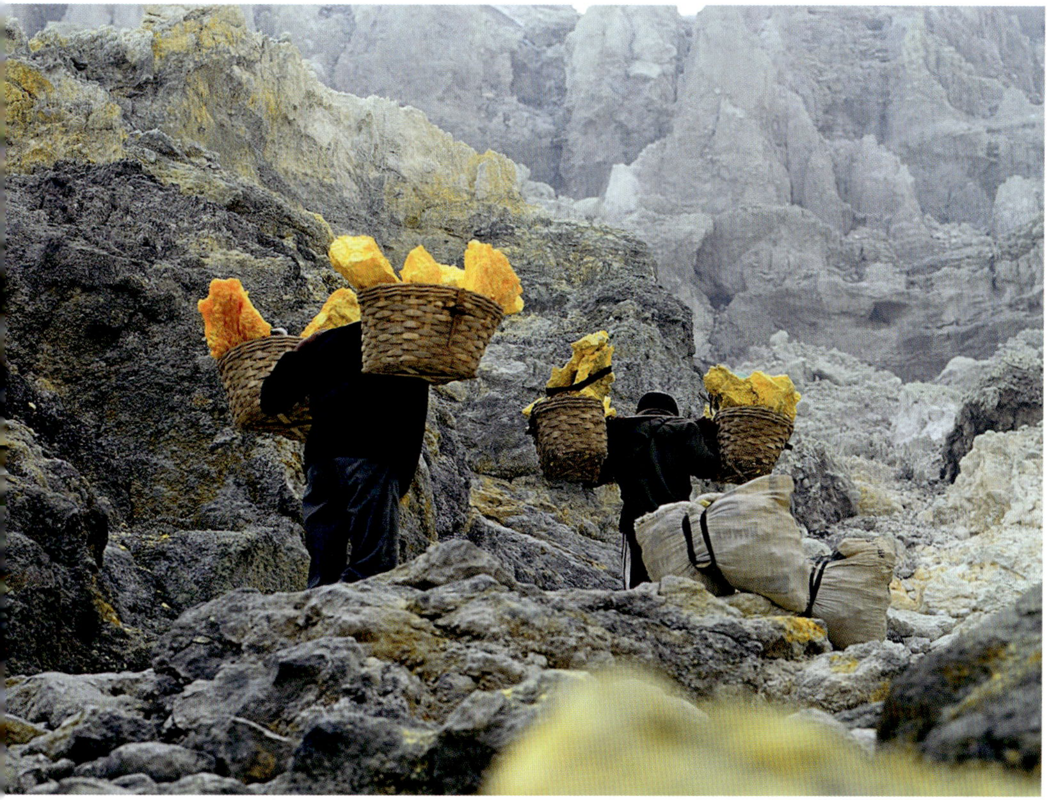

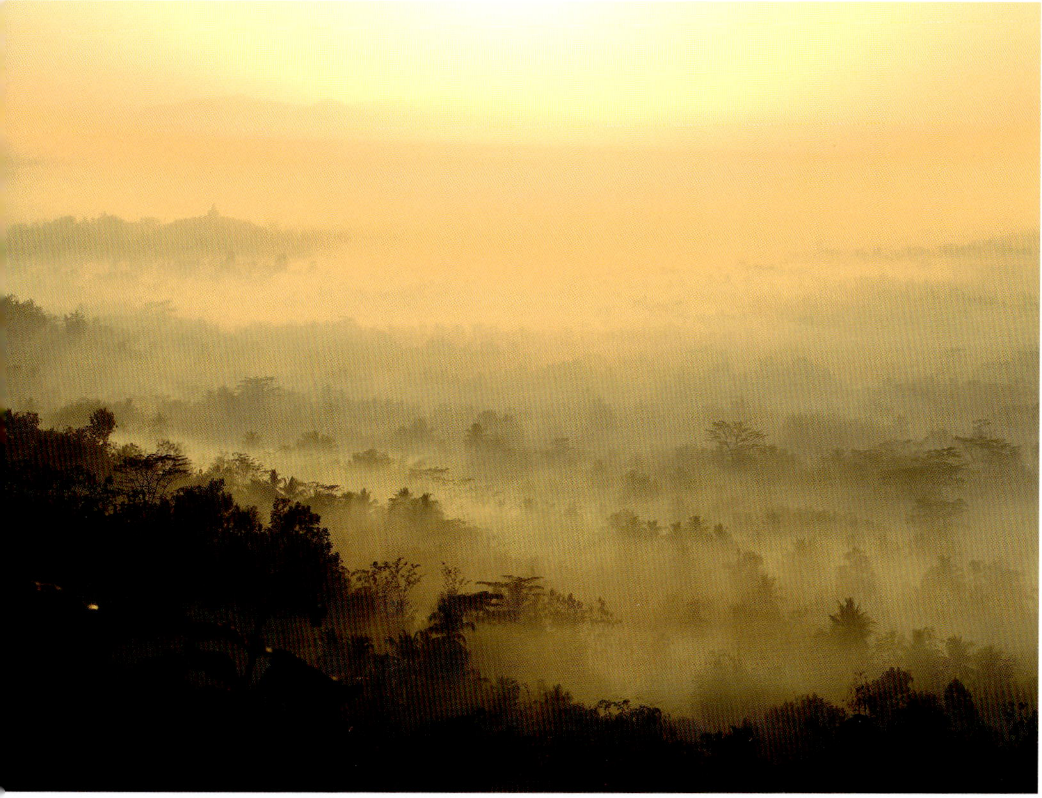

an diesem wundervollen Fleckchen Erde bereits nach weiterem Gold – es wird über ein Goldvorkommen gemunkelt, welches es mit den fünf größten weltweit aufnehmen kann. Wie es jedoch genau weitergehen soll, will von den Minenarbeitern niemand sagen. Außerdem erfährt der Tourismus gerade einen besonderen Aufschwung. Die Region um Banyuwangi wirbt auf großen Plakaten mit seinen Attraktionen, die Einheimische und Gäste anziehen sollen.

Für uns sollte nach neun wunderschönen Tagen die Reise weiter Richtung Westen gehen. Es standen wieder Vulkane auf dem Programm. Außerdem wurde es kulturell. Unser Ziel: Yogyakarta.

GOOD MORNING JAVA
22. OKTOBER

Um 05:23 Uhr ging auf Java die Sonne auf. Mit ihr standen auch wir auf. Der Tag und das Leben begannen hier früh. Eigentlich mussten wir nicht aufstehen. Wir hatten schließlich Urlaub! Oder?

Aber auch nach drei Monaten auf Reisen hatte sich immer noch kein Faulenz-Urlaubsfeeling eingestellt.

05:23 Uhr war allerdings noch eine humane Zeit. Von Pulau Merah waren wir per Bus und Bemo bis zum Vulkan Bromo gefahren. Yan und ein Freund hatten uns an die Hauptstraße gebracht, denn sonst wären wir gar nicht weggekommen. Zum Sonnenaufgang am Bromo hatte der Wecker bereits um 02:45 Uhr geklingelt. Im Dunkeln war es den Berg auf einem schmalen Pfad hinauf gegangen und dann an einem Grat entlang, bis der Blick endlich perfekt war. Ein Franzose, den wir am Ijen getroffen hatten, hatte uns diesen Weg beschrieben, und allein anhand von Bildern konnten wir überprüfen, ob wir richtig waren. Begleitet wurden wir von ein paar Leuten, die wir am Tag zuvor im Bemo kennengelernt hatten. Nur einen Tag haben wir uns am Bromo Zeit gelassen, warum nicht länger? Wissen wir bis heute nicht. Es ging schnell weiter Richtung Yogyakarta. Diesmal nahmen wir den Zug. Die Fahrt verlief entspannt und im Gegensatz zum Bus angstfrei. Aber es war unglaublich heiß. Daran konnte auch die Zugluft nichts ändern.

Yogyakarta wurde bei den Reisenden, die wir bislang kennengelernt hatten, ziemlich gehypt. Kunst gab es an jeder Ecke. Es war das kulturelle Herzstück von Java. Wir können das nicht ganz nachempfinden. Sicherlich sind die Tempel von Borobudur und Prambanan ganz in der Nähe, aber die Stadt selbst konnte uns nicht überzeugen. Unsere Tour zu den Tempeln startete um vier Uhr morgens. Also wieder vor 05:23 Uhr aufstehen. Stefan wollte natürlich pünktlich zum Sonnenaufgang da sein, denn um diese Zeit war das Licht zum Fotografieren am besten. Sowohl Borobudur als auch Prambanan sind UNESCO-Weltkulturerbe und schon alleine deshalb ein Muss. Borobudur ist eine buddhistische Tempelanlage, Prambanan ist Hindu, und ohne Frage sind die Tempel sehr beeindruckend, schon wenn man überlegt, dass sie bereits Erdbeben und Vulkanausbrüchen trotzen mussten. Dennoch, die Gegend um Yogyakarta hat uns nicht gepackt, und so sind wir schnell weiter und wieder zurück Richtung Meer.

Das Hostel, in dem wir uns eingebucht hatten, war aber ganz cool, nur mussten wir es in den verwinkelten Gassen immer wieder von Neuem suchen. Auch ein Teil unserer Wäsche ging in den Gassen wohl verloren, denn nachdem ich die Wäsche von der Wäscherei abgeholt hatte, hatten wir ein paar T-Shirts weniger, dafür aber ein paar Unterhosen mehr. Nach ein paar Tauschgeschäften mit unseren Zimmernachbarn hatten wir aber innerhalb eines Nachmittags jedoch alles wieder zusammen.

Batu Karas, unser nächster Stopp, liegt ein Stück weiter westlich. Hier wurden die Touristen aus den ersten Bussen bereits zum Sonnenaufgang, also um 05:23 Uhr, ausgeladen. Sie kamen aus Bandung oder Jakarta und flüchteten am Wochenende vor der Enge der Stadt ans Meer. In einer Stunde Aufenthalt am Strand galt es für sie, ein kompaktes Spaßprogramm zu absolvieren, bevor es wieder zurückging. Für diese eine Stunde am Meer saßen die Menschen teilweise zehn Stunden im Bus *(one way!)*. Verrückt ist diese Welt.

Für uns ging es in Batu Karas auch wieder früh ins Wasser, allerdings zum Surfen. Eine Woche verbrachten wir am Strand von Batu Karas, wohnten in einer Bretterbude direkt am Strand. Und obwohl das Haus ziemlich neu war, war es schon wieder renovierungsbedürftig. Die indonesischen Bretterbuden können der Seeluft, dem Regen und dem Wind nicht auf Dauer standhalten. Zum Surfen gab es in dieser Woche übrigens für jeden von uns ein eigenes Surfbrett. An den etablierten Surfspots waren zwar mehr Leute, aber eben auch mehr Surfbretter! In Batu Karas trafen wir auch zwei alte Bekannte wieder, Jens und Aline hatten wir im Surfcamp auf Bali kennengelernt. Hier verbrachten wir noch einmal ein paar gemütliche Tage zusammen. Stefan hat Jens noch seine kaputte Isomatte mitgegeben. Er soll sie reklamieren, denn es kann ja nicht sein, dass so ein teures Teil nach ein paar Übernachtungen in der Mongolei den Geist aufgibt.

Nachdem wir auf Java alle möglichen Straßen- und Schienen-Verkehrsmittel durchgetestet hatten und auf mehr als 1.500 Kilometern nichts dabei gewesen war, mit dem wir zurück nach Bali reisen wollten, buchten wir uns kurzerhand einen Flug, der mit umgerechnet 33 Euro pro Person und Gepäck zudem günstiger war als die Fahrt im Bus. Von Bali aus hatten wir bereits unseren Flug nach Kathmandu in Nepal gebucht. Außerdem wollte ich in Denpasar noch einmal ins Postamt schauen, ob die Kreditkarte angekommen war. War sie aber nicht. Also musste jetzt Plan C her, und die Karte musste noch einmal gesperrt werden, denn so bald würden wir ja nicht wieder nach Denpasar kommen. Plan C war allerdings noch offen. Wir mussten erst überlegen, was am sinnvollsten war. Es ging ja auch immer noch gut mit einer Kreditkarte für uns zwei.

SO WAR INDONESIEN

Eigentlich schade, dass es schon vorbei sein sollte. In ein paar Tagen waren wir mitten im Himalaya, und da war dann nix mehr mit Surfen, denn in Nepal gibt es zwar alle möglichen Klimazonen, aber keinen Zugang zum Meer. Auch das Mie Goreng würde uns fehlen. Aber wir gingen davon aus, dass Nepal kulinarisch etwas ähnlich Einfaches zu bieten hatte. Was uns nicht fehlen würde, waren die Kamikaze-Busfahrer, die glaubten, sie wären auf einer Rennstrecke unterwegs, aber tatsächlich über eine steile Berg- oder Küstenstraße fuhren. Obwohl zu befürchten war, dass es solche Busfahrer auch in Nepal geben würde. Ob wir trotzdem wiederkommen wollten? Na klar, wir wollten das mit dem Surfen schließlich weiter verfolgen.

Nepal

ZEIT IST LUXUS
21. NOVEMBER

Wir hatten das erste Mal auf unserer Reise den Luxus der Zeit für uns entdeckt. Von den vergangenen vier Wochen waren wir drei Wochen lang in der Region rund um den Mount Everest gewandert. Kein Internet, kein Planungsstress, kein selbst auferlegter Druck.

Im Oktober und November herrschte Trekking-Hochsaison in Nepal und somit auch auf dem Everest Base Camp (EBC) Trek. Eine Wanderroute, die vom Ausgangspunkt Lukla (2.860 Meter) bis zu dem Punkt führte, von wo aus in der Klettersaison die großen Expeditionen Richtung Mount Evererst starteten, dem Everest Base Camp (5.350 Meter). Die meisten Wanderer hatten für den Hin- und Rückweg nicht einmal zwei Wochen Zeit. Dabei ist ein langsames Gewöhnen an die Höhe wichtig. Einigen Reiseveranstaltern und Trekking-Agenturen schien das ziemlich egal zu sein. Sie schleppten ihre Gäste binnen kürzester Zeit auf über 5.000 Meter zum EBC und/oder Kala Patthar. Dass dabei manchmal ein Drittel der Gruppe auf der Strecke blieb, wurde gekonnt überspielt. Wir trafen einige Leute mit Kopfschmerzen, Schwindel und Halluzinationen, damit ist auf der Höhe aber nicht zu spaßen. Viele wurden höhenkrank und mussten dann schnell ausgeflogen werden. Der Helikopter landete in Gorak Shep (5.180 Meter) am Fuß des Kala Patthar mehrmals täglich, um die erschöpften Touristen kurz vor deren Ziel abzuholen und in tiefere Lagen zu fliegen. Für manche platzte dabei der Traum vom Everest Base Camp. Alles musste schnell gehen, und es blieb nicht einmal Zeit, die unglaublich beeindruckende Bergkulisse des Himalaya zu genießen. Als wir noch ganz am Anfang unserer Wanderung waren, zeigte uns ein junger US-Amerikaner sein Video vom Everest Base Camp. Beim Betrachten dieser Bilder spürten wir, dass er erst in diesem Moment realisierte, wo er überhaupt gewesen war, denn oben am Berg war er zu sehr damit beschäftigt gewesen, seinen Körper zu kontrollieren. Und das alles, weil das Erlebnis Everest Base Camp in einen zweiwöchigen Urlaub passen musste. Umso mehr schätzten wir es, dass wir den Luxus hatten, uns Zeit zu lassen.

DER FLUG NACH LUKLA

Eingeplant waren für unsere Wanderung ca. 22 Tage. Von Kathmandu wollten wir zunächst ganz klassisch bis nach Lukla fliegen und von dort aus dann starten. Aber Stefan wurde nach unserer Ankunft in Kathmandu erst einmal richtig krank (zu viel »All-you-can-eat-BBQ« auf Bali …). Wir mussten den Hinflug nach Lukla daher um zwei Tage verschieben, was glücklicherweise überhaupt kein Problem war. Da wussten wir auch noch nicht, was für ein Chaos täglich am Flughafen herrschte und es eigentlich ziemlich egal war, für welchen Tag man einen Flug gebucht hat. Als wir uns dann zwei Tage später einen Platz in einem Flieger erkämpft hatten, spielte das Wetter bei der Landung nicht mit. Wolken versperrten die Sicht auf die Landebahn von Lukla, und so musste der Flieger umdrehen und nach Kathmandu zurück. Wir hatten ja Zeit, aber andere Touristen hatten diese Zeit nicht und buchten aufgrund ihres eng gesteckten Zeitplans einen teuren Helikoptertransport. Für die weitere Extranacht in Kathmandu gönnten wir uns ein gutes Zimmer, Pizza und Rotwein, schließlich ging es Stefan wieder besser, und wer konnte wissen, was wir in den nächsten Wochen zu essen und als Schlafplatz bekommen würden. Am nächsten Tag ging der Kampf um die Plätze im Flugzeug von vorn los. Ich machte mir zunutze, dass ich eine Frau und blond war, und drängelte mich frech zwischen den ganzen nepalesischen Wanderguides durch. Von denen traute sich keiner, etwas gegen mich zu sagen, und so hatten wir rasch unsere Sitzplätze. Eine Twin Otter von Tara Air mit 12 Sitzplätzen brachte uns dann endlich nach Lukla – einen der gefährlichsten Flughäfen der Welt. Spätestens beim Landeanflug wussten wir warum. Die kurze und steile Lande- und Startbahn (460 Meter lang, 20 Meter breit, 12 Prozent Neigung) endet auf der einen Seite direkt am Fels. Auf der anderen Seite wartet ein tiefer Abgrund, sodass bei der kleinsten Ungenauigkeit des Piloten ein Totalschaden des Flugzeuges unvermeidlich wäre. Aber es ist alles gut gegangen, und wir sind heil nach Lukla gekommen.

TREKKING IN DER EVEREST-REGION

Unser Weg führte uns von Lukla über Namche Bazaar erst durch das Gokyo-Tal

bis zum Gokyo Ri (5.360 Meter), dann weiter über den Cho La Pass (5.420 Meter) bis zum Kala Patthar (5.550 Meter) und Everest Base Camp. Zurück und somit bergab ging es auf der Hauptroute des Everest Base Camp Trek. Am Ende waren wir 19 Tage unterwegs, obwohl wir wahrscheinlich auch den Rückflug ohne Probleme um ein paar Tage nach hinten hätten schieben können. Stress hatten wir unterwegs dennoch keinen. Der Aufstieg war sehr gechillt, weil wir ja pro Tag nicht mehr als 300 Höhenmeter machten. Und auch die Streckenlänge war immer überschaubar gewesen. Der Abstieg war da schon anstrengender, weil wir plötzlich so viel Strecke an einem Tag liefen. Die Aussichtspunkte am Gokyo Ri und Kala Patthar sowie die Cho-La-Passüberquerung waren nicht nur die höchsten Punkte, sondern auch die die absoluten Highlights für uns.

Der Weg über den Cho-La-Pass war die wohl längste und anstrengendste Etappe. Im Oktober hatte es ungewöhnlich viel Schnee gegeben, sodass zeitweise alle Pässe gesperrt gewesen waren. Inzwischen waren sie zwar wieder begehbar, aber immer noch nicht frei von Schnee. Grundsätzlich war das ja kein Problem, aber wir Gepäcksparfüchse hatten nur Outdoor-Halbschuhe mit ... Hinzu kamen die sehr kalten Temperaturen, die es sonst erst im Dezember gibt und das Atmen in der sowieso schon sauerstoffarmen Luft erschwerten. Wir zogen trotzdem los. Es war bereits eine gute Spur zum Gehen angelegt, und der Schnee war einigermaßen griffig, sodass wir nur selten wegrutschten. Steigeisen, die dies verhindern würden, hatten wir nämlich auch nicht dabei. Nach dem Aufstieg wagten wir uns gleich an den Abstieg vom Pass, und nach knapp zehn Stunden kamen wir ziemlich erschöpft durch Höhe und Kälte in Lobuche, unserem Tagesziel, an. Die Aussichten, die wir unterwegs genossen, entschädigten uns aber für alles.

Während der gesamten Zeit in den Bergen hatten wir ziemliches Glück mit dem Wetter. Auch wenn uns in den ersten Tagen noch einige Wolken nervten, weil sie die Sicht auf die Berge versperrten, war am Kala Patthar die Sicht so klar, dass wir das Gefühl hatten, wir wären dem Gipfel vom Everest zum Greifen nah. So ein Wetter motivierte uns, und nachdem wir den Kala Patthar zu Mittag bestiegen hatten, machten wir uns zum Sonnenaufgang ein zweites Mal auf den Weg. Und in der Tat durften wir da oben einen absolut unbeschreiblichen Sonnenuntergang genießen.

ALLTAG IN DEN BERGEN

Der Tagesablauf auf unserer Wanderung war fast immer gleich: aufstehen – frühstücken – wandern – zu Mittag essen – wandern/chillen – zu Abend essen – schlafen.

Wir aßen und schliefen in sogenannten Teehäusern, einfachen Steinhäusern oder Bretterbuden mit kargen Zweibettzimmern und einem großen Aufenthaltsraum. Toilette und »Bad« mussten wir uns in der Regel teilen. Die Übernachtung kosteten meist einen Dollar pro Nacht und Person, wenn wir im Teehaus auch konsumierten. Duschen kostete extra und wurde mit steigender Meereshöhe teurer. Ebenso das Essen und die Getränke. Der Ofen, der den Aufenthaltsraum erwärmte, wurde mit Yakdung gefüttert. Die Zimmer waren nicht beheizt, und ohne eigenen Schlafsack wäre es wahrscheinlich viel zu kalt in der Nacht geworden. Ab 4.000 Meter Höhe ist nachts dann das Wasser in der Flasche im Zimmer gefroren. Auf dem Weg wurde es für jeden Wanderer nachvollziehbar, warum in der Höhe alles teurer wurde. Jeden Tag begegneten uns unendliche viele Träger und Yaks, die Essen, Getränke, Toilettenartikel oder komplette Öfen den Berg hinaufschleppten, damit den Gästen überall ein ähnlicher Standard geboten werden konnte. Nur dass es eben länger dauerte und teurer war, diesen Standard auch in 5.000 Meter Höhe zu bieten. So hat uns der Tag auf 5.000 Meter Höhe ca. 25 Dollar pro Person gekostet. Auf 3.000 Meter waren es nur zehn bis 15 Dollar. Getrunken haben wir (desinfiziertes) Wasser vom Berg und Unmengen von Milchtee, drei bis sechs Liter täglich. Nur zum Sonnenuntergang am Kala Patthar gab es ein Everest-Bier. Gegessen haben wir meist Haferbrei zum Frühstück, Makkaroni zu Mittag und Dal Bhat am Abend. Nicht besonders abwechslungsreich, aber es schmeckte überall etwas anders. Dal Bhat ist klassisch nepalesisch und besteht aus Reis, Linsensuppe und Currygemüse (mal mit und mal ohne Curry). Es war außerdem das perfekte

FÜR MINIMALISTISCHE SELBSTTRÄGER HABEN WIR UNSERE
PACKLISTE FÜR DEN EVEREST BASE CAMP TREK ZUSAMMENGEFASST:

TRANSPORT
Rucksack, 50 Liter
2 oder 3 Plastiktüten

SCHLAFEN
Schlafsack (Komforttemperatur:
minus 2 Grad)
1 T-Shirt + 1 Schlafhose
1 dünne Mütze
1 Paar warme Socken

KLEIDUNG
Trekkingschuhe
Leichte Turnschuhe zum Wechseln
1 Fleecejacke
1 Primaloft-Jacke
1 Regenjacke
1 Pulli und Hemd
3 Funktions-T-Shirts
1 Trekkinghose lang
1 kurze Funktionshose
1 Fleecehose
1 x warme Unterwäsche
4 x normale Unterwäsche
4 Paar Socken
Schal, Mütze, Handschuhe
Sonnenbrille

ESSEN & TRINKEN
1 leere Wasserflasche
Wasser-Desinfektionstabletten
20 Müsli- und Schokoriegel

SONSTIGES
Batterien
Kartenspiel, Würfel
Feuerzeug
Taschenmesser
Notizbuch und Stift (wasserfest)
Landkarte
Wäscheleine
Campingbesteck
Handy + Ladegerät
Kamera + Ladegerät
Kopfhörer
E-Book
Stromadapter
Bargeld, Kreditkarte
Reiseführer
1 kleines Handtuch
Tape
Stirnlampe

HYGIENE & ERSTE HILFE
Sonnencreme
Zahnbürste, Zahnpasta
Klopapier
Seife/Shampoo
Bürste
Rasierer
Mückenschutz
Hygienetücher
Erste-Hilfe-Set
Nagelschere, Pinzette
Div. Tabletten, insbesondere Diamox
Deo, Haarbürste
Lippenbalsam
Blasenpflaster

Essen für den immer hungrigen Stefan, denn Dal Bhat wurde so lange nachgereicht, bis wir wirklich satt waren. Mit Süßigkeiten musste sich Stefan etwas mehr einschränken. Ich hatte die Schokoriegel abgezählt und war sehr streng mit der Herausgabe. Ansonsten wären die Schokoladenvorräte wahrscheinlich schon vor Erreichen des ersten Highlights aufgegessen gewesen.

Wir haben die gesamte Wanderung ohne Guide und ohne Träger oder Porterguide zurückgelegt. Wir wussten, wie wichtig für die Menschen hier der Job als Porter ist, und zollten den Trägern unseren höchsten Respekt. Dennoch konnten wir unser Gepäck, dank Pack-Minimalismus und Rundum-Versorgung in den Teehäusern, locker selbst tragen. Wir haben auf dem Weg aber viele Wanderer gesehen, für die der Porter wirklich sinnvoll war, so viel Gepäck hatten sie dabei.

ZEIT FÜR HEIMWEH

Wenn man Zeit hat, fängt man oft an nachzudenken ... und plötzlich war da ein Funke Heimweh. Auch wenn wir im jeweils anderen den jeweils wichtigsten Menschen dabei hatten, gab es doch immer wieder Momente, in denen wir sie vermissten: Familie und Freunde. Seit wir in Innsbruck lebten, waren wir es zwar gewohnt, unsere Familie über einen längeren Zeitraum nicht zu sehen. Aber im laufenden Hamsterrad blieb kaum Zeit für Heimweh. Jetzt, da wir aber Zeit hatten und uns Zeit nahmen, stellte sich manchmal und für uns selbst völlig unerwartet das Gefühl des Vermissens ein. Auf dem Rückweg vom Everest Base Camp nach Lukla hatte es Stefan erwischt. Er fühlte sich plötzlich unsicher, ob diese Reise die richtige Entscheidung war. So schön die Erlebnisse auch waren, holten ihn sein Pflichtbewusstsein und Sicherheitsdenken wieder ein. Vielleicht waren es die Spannungen, die in den letzten Tagen auf der Wanderung zwischen uns lagen (Stefans hohe Ansprüche an Fotos konnte ich nicht immer erfüllen), vielleicht war es ein Lagerkoller, vielleicht war es aber auch nur der Entzug der Schokoriegel, denn als wir zurück in Kathmandu waren, war fast alles schon wieder vergessen, und die nächsten Reiseziele wurden geplant.

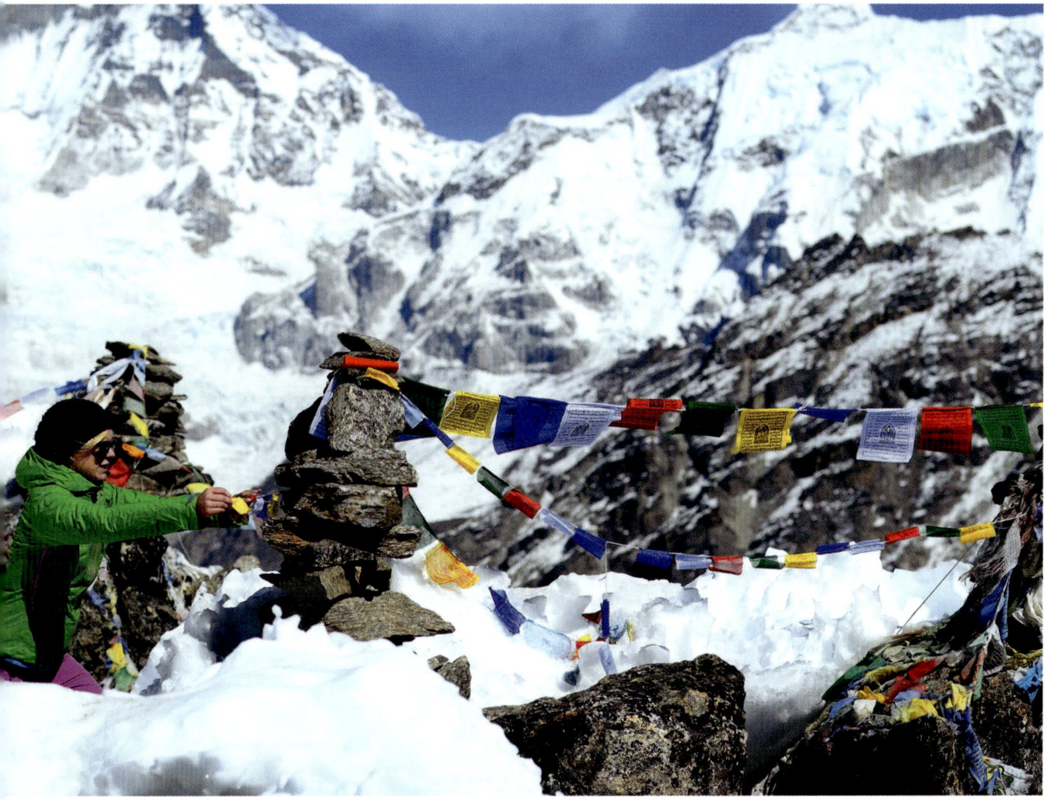
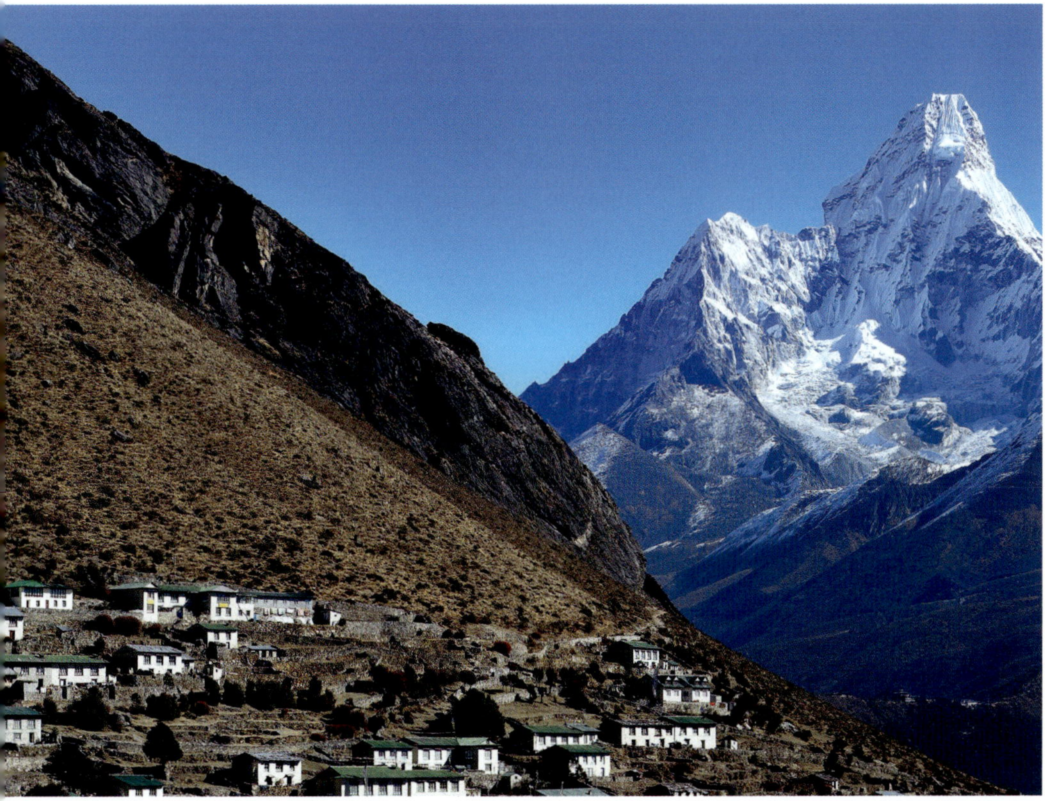

Ein großer Reisezielwunsch von Stefan waren die Philippinen. Die Idee, dort einen Trip mit dem Seekajak zu machen, hatte er schon länger verfolgt. Für den Trip mussten wir Boote organisieren sowie die An- und Abreise buchen. Wir wollten im Januar starten, denn wir hofften, dass zwei Monate Vorlaufzeit genügen würden. Und tatsächlich fanden wir auf Palawan jemanden, der uns zwei Boote leihen wollte. Wir haben gleich Nägel mit Köpfen gemacht und die Flüge auf die Philippinen für den kommenden Januar gebucht. Dank Air Asia war das Fliegen wieder einmal zum Schnäppchenpreis möglich. Innerphilippinische Flüge (von Cebu nach Puerto Princesa) gab es bereits ab umgerechnet neun Euro. In der Zeit dazwischen wollten wir durch Thailand, Laos und Kambodscha touren. Den Anschlussflug nach Bangkok hatten wir bereits gebucht, denn es stand eine Visumverlängerung in Nepal an, und dafür benötigte man immer ein Ausreiseticket. Diesmal ging das mit der Visumverlängerung fast von allein. Keine 30 Minuten haben wir in der Behörde verbracht, bis wir den Stempel hatten.

29. NOVEMBER
EIN LAND UND ZWEI WOCHEN ZEIT – DAS GEHT NICHT!

In Nepal stand bei uns nur das Wandern auf dem Plan. Das war neu, denn vorher wollten wir in kürzester Zeit immer möglichst viel sehen. Aber nach drei Monaten hatten wir genug davon, und nachdem wir den Luxus der Zeit für uns entdeckt hatten, wollten wir alles entspannter angehen lassen. Das bedeutete aber nicht, dass wir alle Aktivitäten und Sehenswürdigkeiten sausen ließen. Wir wollen nur versuchen, alles entspannter zu betrachten und intensiver zu erleben. Das hatten wir uns fest vorgenommen. Ob es klappen würde, wussten wir nicht. Es lag jedoch nur an uns. Wir mussten akzeptieren, dass wir nicht das ganze Land in den uns verbleibenden zwei Wochen sehen konnten.

Dabei bietet Nepal noch viel mehr als das Wandern! Tropische Wälder und eisige Wüsten, idyllische Bäche und reißende Flüsse, kleine und große Städte mit mehr und weniger kulturellem Erbe. Davon wollten wir, natürlich, in der uns verbleibenden Zeit noch etwas sehen. Jetzt brauchten wir also erst einmal einen groben Plan – einen entspannten groben Plan versteht sich.

Da für das kommende Wochenende Wahlen in Nepal angesetzt und in Kathmandu schon seit ein paar Wochen immer wieder kleinere Anschläge verübt worden waren, wollten wir aus der potenziellen Gefahrenzone raus und buchten ein Busticket nach Pokhara. Die Busfahrer in Nepal waren kein bisschen weniger lebensmüde als die Busfahrer in Indonesien. Nur dass sie aufgrund von Staus nicht schneller unterwegs sein konnten. Uns machten die Staus noch nie so wenig aus wie hier. Mir ging es am Reisetag sowieso schon schlecht, da brauchte ich nicht noch einen Kamikaze-Bustrip. Warum es mir so schlecht ging, war schwierig auszumachen. Am einfachsten war es immer, es aufs Essen zu schieben. Ich schob es auf den Burger, den ich in Lukla verspeist hatte.

Pokhara war ohne Frage ein Touristenzentrum. Sehr hübsch an einem See gelegen strahlte der Ort Ruhe und Freundlichkeit aus, die wir in Kathmandu etwas vermisst hatten. Besonders ruhig war es dann am Wahltag. Das öffentliche Leben war auf Eis gelegt. Kein Lärm, keine Autos, keine Busse. Nicht einmal Motorräder waren unterwegs. Die Kinder spielten auf den Straßen, und die Älteren saßen am Straßenrand und ließen den Tag an sich vorbeiziehen. Auch wir konnten diese entspannte und ruhige Atmosphäre aufnehmen und einfach mal nichts tun. Zumindest einen Tag lang. Außerdem: keine Anschläge, keine Proteste, einfach nichts.

Die Zeit in Pokhara haben wir auch genutzt, um unsere weiteren Flüge zu buchen. Im März wollten wir uns mit Freunden in Neuseeland treffen. Da Flüge nach Neuseeland aber generell teuer waren, hatten wir uns überlegt, erst einmal nach Australien und von dort weiter nach Neuseeland zu fliegen. Gesagt, getan. Stefan suchte die Flüge heraus und verglich die Preise. Von allen möglichen Destinationen in Südostasien aus. Der günstigste Flug nach Australien, den er fand,

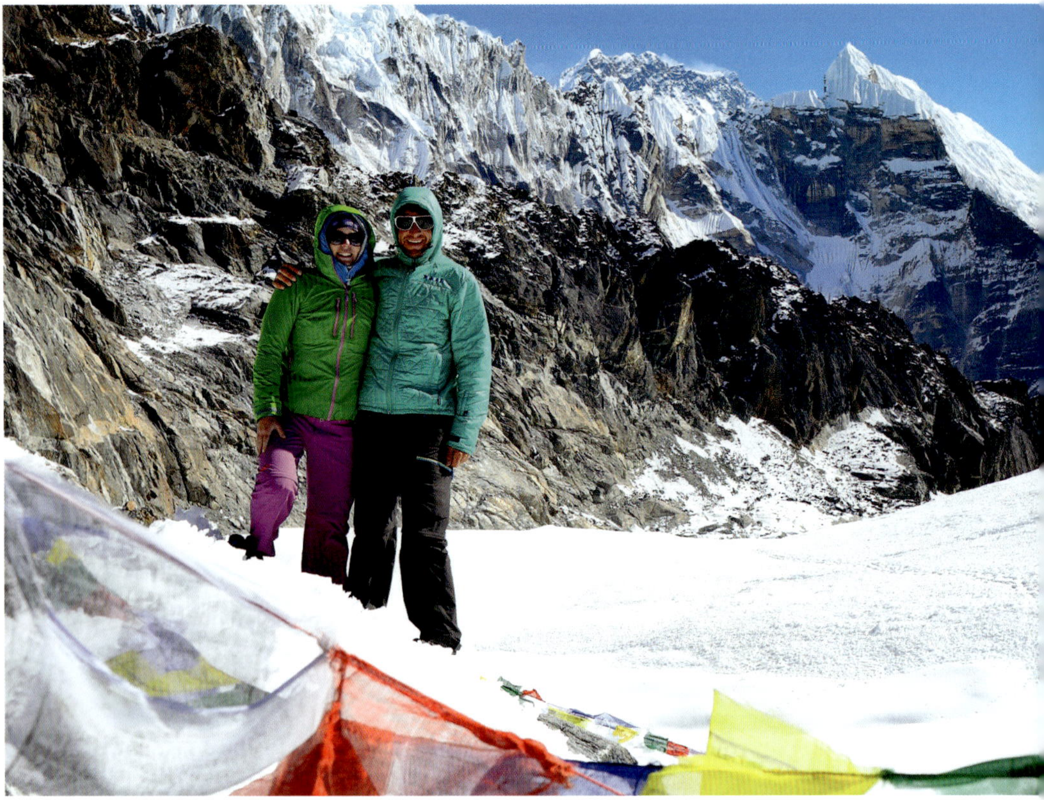

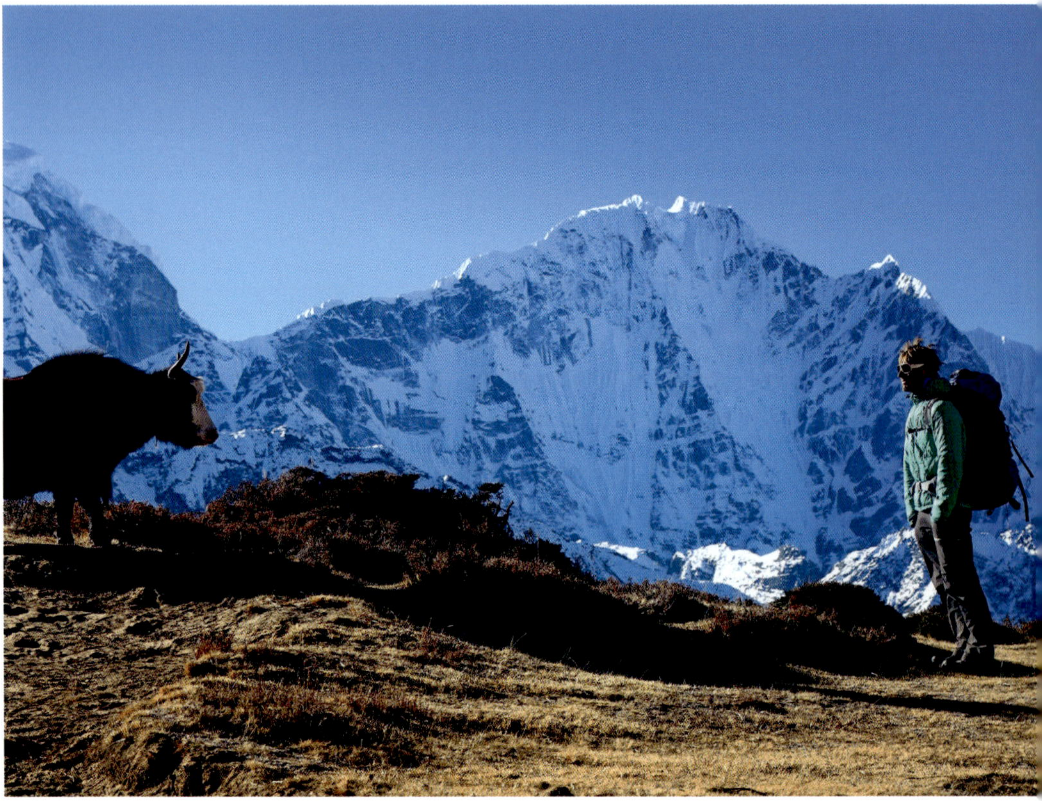

ging ab Bali. Na was für ein Zufall ... da konnten wir noch einmal ungeplant ein paar Wochen Surfen in Indonesien einschieben. Somit stand der Reiseplan für die nächsten Monate fest: Thailand, Laos, Kambodscha, Philippinen, Indonesien, Australien, Neuseeland. Alles ganz entspannt natürlich.

WILDES WASSER IN POKHARA

Mit der Gewissheit, dass wir nicht ganz Nepal in den letzten 14 Tagen anschauen könnten, fiel es uns leichter, uns für einen viertägigen Kajaktrip zu entscheiden. Denn Nepal ist auch ein Wildwasser-Eldorado. Rafting und Kajak stehen ganz oben auf der Must-do-Liste für einen Outdoorsportler. Und wir stehen auf Outdoor-Action. Ich manchmal etwas mehr als Stefan. Um Pokhara herum fließen vier Flüsse, auf denen verschiedene Touren mit Raft und/oder Kajak angeboten werden. Vier Tage Wildwasserkajakkurs waren schnell gebucht. Mit Paddle Nepal ging es perfekt organisiert und koordiniert den Seti River hinunter. Die Stromschnellen waren für uns Kajakanfänger genau das Richtige. Nicht zu wild und trotzdem wurde man mit ausreichend Adrenalin versorgt. Zwischen den Stromschnellen war das Üben der Eskimorolle angesagt. Stefan hatte den Dreh schnell raus und konnte sich ohne Weiteres mit seinem Boot herumdrehen. An Tag vier war Stefan sogar in der Lage, die Eskimorolle erfolgreich in der Stromschnelle zu machen, und er war zu Recht stolz darauf, sich ohne Hilfe nach dem Umkippen des Bootes selbst zu retten. Für mich war es etwas schwieriger. Kopfüber unter Wasser in einem Boot ging nicht in mein Hirn. Beim nächsten Mal vielleicht. Wir hatten aber sehr viel Spaß auf dem Trip und lernten auch liebe Leute kennen, die auf die gleiche Weise wie wir unterwegs waren. Nach der Kajak-Aktion fuhren wir nicht wieder mit zurück nach Pokhara, sondern nahmen den Bus nach Bandipur, wo wir zwei Nächte bei Pfarrer Bijay wohnten und spontan all unsere Trekking-Klamotten, die wir in nächster Zeit nicht mehr brauchen würden, spendeten. Dafür bekamen wir eine Führung durch die dortigen Höhlen und lernten, wie die hier so beliebten Momos (gefüllte Teigtaschen) hergestellt werden.

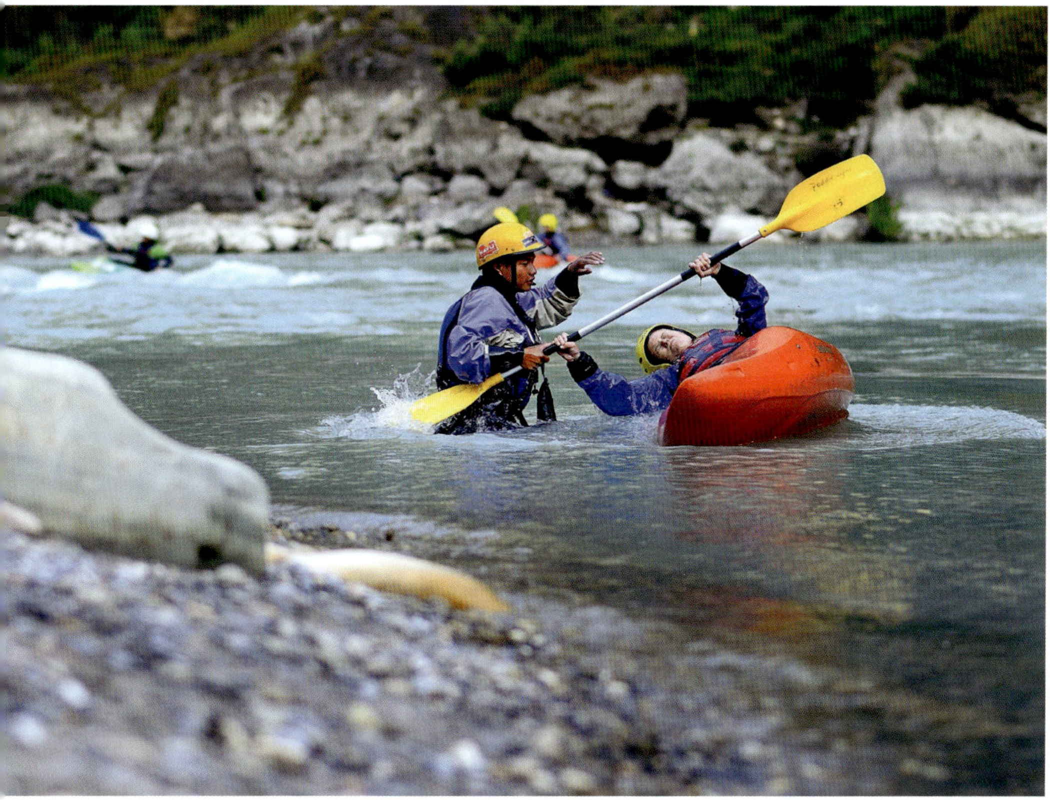

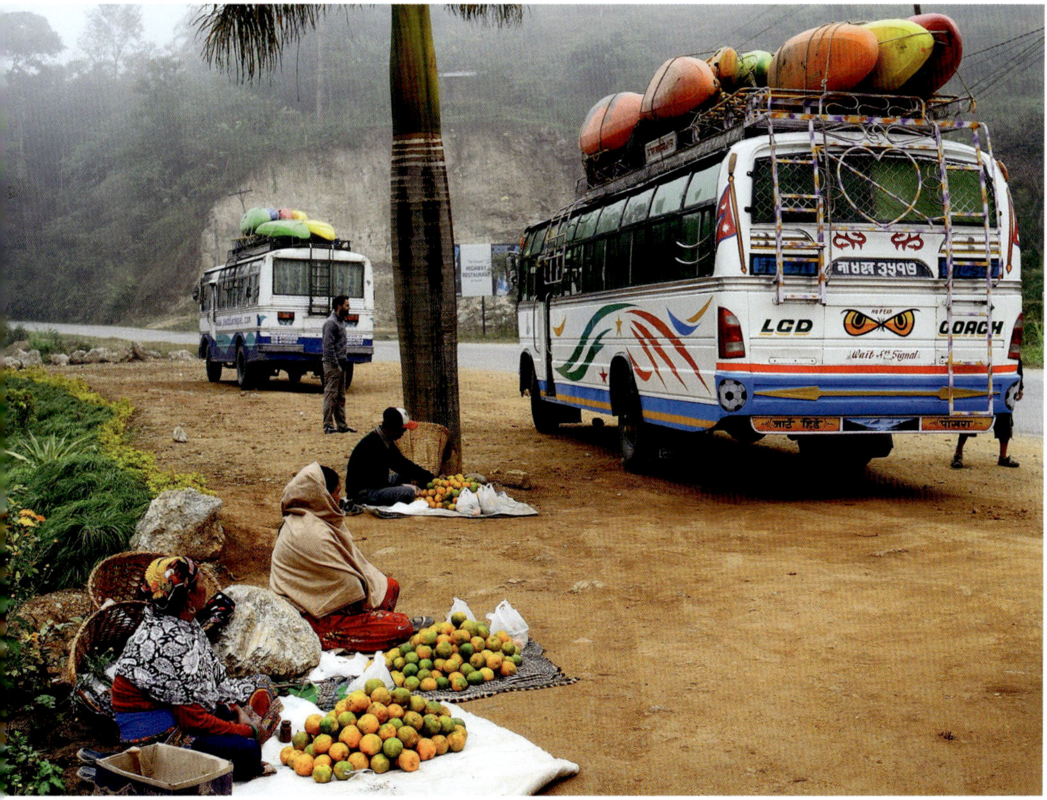
LCD
COACH

KATHMANDU UND DIE TEMPEL
2. DEZEMBER

Zurück in Kathmandu. Wenn man nach Nepal reist, fällt es schwer, nicht irgend-wann in Kathmandu zu landen und für ein paar Tage hängen zu bleiben. Mittler-weile hatten wir uns das dritte Mal innerhalb von fünf Wochen im Touristenviertel Thamel einquartiert. Der Stadtteil Thamel bot einige Vorteile, die man meist erst erkennt, wenn man schon länger unterwegs ist und beginnt, gewisse Dinge zu vermissen. Pizza, Wein und Schokolade helfen nicht nur bei Heimweh. Uns half das auch bei Magen-Darm-Beschwerden ...

Ansonsten litt Kathmandu wie so viele Städte unter Überbevölkerung, Verkehrs-chaos, Dreck und einer unglaublichen Smogwolke über den Dächern der Stadt – Kathmandu rangierte angeblich unter den Top-drei-Städten mit der stärksten Luftverschmutzung weltweit! Armut war allgegenwärtig, aber nicht unangenehm auffallend. Die Menschen waren immer freundlich und begegneten uns stets mit einem Lächeln. *Namaste!* Alles andere wäre wohl auch schlecht fürs Karma. Kathmandu ist nämlich auch eine Stadt mit viel Geschichte. Es gibt unzählige Hindu-Tempel und mindestens ebenso viele buddhistische Tempelanlagen: alle UNESCO Weltkulturerbe. Während unserer letzten Tage in Kathmandu haben wir es uns noch einmal richtig gegeben und die ruhige Kugel gleich wieder über Bord geworfen. Wir schauten die Tempel am und um den Durbar Square an (der Platz, wo früher auch die Königsfamilie residierte). Stefan hat außerdem noch den Son-nenuntergang der Swayambhu Stupa sowie die Abendstimmung an den Tempel-anlagen von Pashupatinath eingefangen. Dort finden die Leichenverbrennungen am heiligen Fluss Bagmati statt. Dann haben wir noch die Handwerkskünste und kulturellen Bräuche in Bhaktapur mitgenommen. So viele Eindrücke mussten erst einmal verarbeitet werden. Das ging übrigens auch sehr gut bei Pizza, Wein und Schokolade.

SO WAR NEPAL

Es waren fünf turbulente Wochen in Nepal. Von absoluter Ruhe in den Bergen bis zur lärmenden Großstadt war alles dabei. Wir fühlten uns pudelwohl und hatten trotzdem eine Phase mit Heimweh. Wir haben unglaublich gut gegessen und hatten noch nie so viel mit dem Magen zu kämpfen. Wir haben uns in mehr als 5.500 Meter Höhe so klein wie noch nie gefühlt. Dafür wurden uns große Ehrlichkeit und immer ein Lächeln entgegengebracht. Wir haben uns in das Land verliebt, weil es nicht perfekt ist. Und wir haben lange noch nicht alles gesehen. Also müssen wir wohl noch einmal wiederkommen. Irgendwann.

Unser Honeymoon jedoch ging erst einmal weiter Richtung Thailand. Stefan hatte einen supergünstigen Flug über Delhi nach Bangkok gebucht.

Thailand

NEUE PERSPEKTIVEN IN BANGKOK
6. DEZEMBER

Kein Flug mehr über Indien! Die Inder waren, was die Sicherheitskontrollen anbelangte, noch verrückter als die Amerikaner. Drei Stunden brauchten wir zum Umsteigen. Dabei waren wir noch vor dem Betreten des Flugzeuges in Kathmandu kontrolliert worden. Stefans geliebtes Chillen am Indira-Gandhi-Flughafen in Delhi fiel dann leider aus. Wir konnten froh sein, dass wir den Anschlussflug überhaupt noch bekommen haben. Das Nächste, was wirklich gewöhnungsbedürftig war, war das Raumspray im Flieger. Vor Start und Landung wurden wir derart eingenebelt, dass uns ganz schummrig wurde. Tatsächlich wollte man damit Insekten abtöten, die Infektionskrankheiten übertragen könnten. Wie es um die menschliche Gesundheit bei dieser Maßnahme stand, war allerding auch fraglich. Und dann überhaupt das Schlimmste: eine Sitzreihe ohne Fensterplatz! Für Stefan quasi ein Supergau, denn er zahlte für einen guten Sitzplatz auch gern mal so viel extra, wie der ganze Flug kostete. Und nun ein Platz ohne Fenster und kein letzter Blick auf den Mount Everest.

Aber dann landeten wir in Thailand, schon nach ein paar Stunden war alles vergessen, denn es gab hier ultraschnelles Internet, und wir konnten endlich einmal unsere Fotos auf den Webspeicher übertragen. Das war bislang nicht möglich gewesen. Wir konnten froh sein, dass wir die Bilder für unserem Blog regelmäßig hochladen konnten. Außerdem war Bangkok für Stefan ein weiteres Shoppingparadies, wenn es um seine Kameraausrüstung ging. Diese stockte er nun mit einem Weitwinkelobjektiv nochmals auf. Um Platz im Rucksack zu schaffen, wurden Klamotten und Geschenke nach Hause geschickt. Das neue Weitwinkelobjektiv schaffte neue Perspektiven für Bildmotive auf unserer Reise. Ganze Hotelzimmer passten jetzt ins Bildfeld, Wendeltreppen wurden zu Kunstobjekten, und der gigantische liegende Buddha im Tempel Wat Pho passte endlich aufs Foto. Bangkok war für uns ein bisschen mehr *upper class feeling,* als wir es bisher auf unserer Reise erlebt hatten. Denn wir schliefen zum ersten Mal in einem Vier-Sterne-Hotel. Den Gutschein dafür hatten wir zur Hochzeit bekommen, und natürlich wollten wir ihn auf unserer

Hochzeitsreise einlösen. Am Abend gönnten wir uns einen Drink in der Skybar auf dem Lebua At State Tower. Wenn man den Film »Hangover II« kennt und liebt, dann ist der Besuch dieser Bar einfach ein Muss. Es war nach viereinhalb Monaten toll, mal ein paar Tage westlichen Standard zu genießen, das Badezimmer nicht teilen zu müssen und in einem Bett zu schlafen, das die Dimensionen eines ganzen Hostelzimmers in Kuala Lumpur hat. Aber der eigentliche Grund, warum wir nach Thailand reisten, war ein Treffen mit meiner bester Freundin Julia (ja, sie heißt auch Julia). Sie war vor ein paar Monaten nach Chiang Mai gezogen, um dort zu arbeiten, und dorthin wollten wir mit dem Nachtbus reisen.

KHAO SOI UND RED CURRY IN CHIANG MAI
15. DEZEMBER

Stefan und ich konnten uns beide kaum erinnern, wann wir das letzte Mal in einem Bus auf dem Fußboden geschlafen hatten. Selbst wenn die Busse in Thailand einen Super-Standard hatten, waren in der zweiten Klasse die Sitze so weich und durchgesessen, dass wir bei einer zwölfstündigen Nachtfahrt tausendmal lieber den harten Boden in Kauf nahmen als diese Sitze. Aber irgendwann sind wir endlich in Chiang Mai angekommen.

Das erste Mal auf dieser Reise haben wir bekannte Gesichter getroffen. Als Julia vor ein paar Monaten mit ihrem damaligen Freund beschlossen hatte, ihren temporären Wohnsitz nach Chiang Mai zu verlegen, war zumindest für mich klar gewesen, dass unsere Reiseroute über Chiang Mai führen würde. Bevor wir in Nepal zum Wandern aufbrachen, hatten wir uns fix für Dezember verabredet. Vor allem für mich war das Wiedersehen mit Julia sehr schön. Wir konnten ein Stück von Julias Thailand kennenlernen und miterleben, wie es sich hier so wohnte. Natürlich mit dem ganzen Touristenkram: Thai-Massage, Ladyboy Show und viel Chang-Bier. Und dann haben wir unser ganz persönliches Weihnachtsfest vorgefeiert: mit Glühwein und Weihnachtsbaum. Stefan hat Chiang Mai vor allem wegen des guten Essens ins Herz geschlossen. Ob Pad Thai (gebratene Nudeln Thai Style), Khao

Soi (Chiang-Mai-Nudelsuppe) oder Sweet Sticky Rice (Klebreis) mit Mango, wir haben superlecker gegessen. Stefan hatten es vor allem die verschiedenen Currys angetan. Davon hat er so viel in sich hineingestopft, bis er irgendwann mit 40° Fieber im Bett lag. Sein Körper konnte das ganze Curry wohl nicht verarbeiten. Wir haben sogar einen Kochkurs gemacht. Auch wenn dieser im Wesentlichen darin bestand, vorgefertigte Zutaten in eine Pfanne zu werfen und dann anzubraten. Am Ende hat es aber sehr gut geschmeckt – und das war schließlich das Wichtigste.

Unser Weihnachtsfest feierten wir in dem kleinen Örtchen Pai. Es liegt in den Bergen nördlich von Chiang Mai, war aber alles andere als ein verschlafenes Bergdorf. Die Backpacker hatten schon vor Jahren den Ort für sich entdeckt, und so herrschte hier täglich buntes Treiben. Ich habe dort meine ersten Versuche auf dem Moped gewagt. Mit der Hilfe der anderen Julia. Es wurde auch höchste Zeit, das Mopedfahren zu lernen, denn in Asien ist das Moped ein gängiges Verkehrsmittel, und Stefan hatte da schon wieder so eine Idee … Nur schwer konnten wir beiden Julias uns voneinander verabschieden, denn wir wussten nicht, wann wir uns das nächste Mal wiedersehen würden. Zwischen Hochzeitsfeier und Thailand hatten viereinhalb Monate gelegen, aber jetzt? Wir wollten mindestens noch acht Monate reisen, und was danach kommen könnte, wusste keiner von uns.

SO WAR THAILAND

Die Zeit in Thailand war intensiv. Wir waren nur im Norden unterwegs. Im Süden sollte es ja ganz anders sein. Deshalb ist es schwer, ein Fazit zu schreiben. Abgesehen von den persönlichen Ereignissen blieb vor allem eines hängen: die Erinnerung an gutes Essen!

Wir zogen also wieder los. Es ging über die Grenze nach Laos. Dort wollten wir uns per Boot, Bus und Moped von Norden Richtung Süden bewegen, eine klassische Backpacker-Route in Südostasien.

Laos

ÜBER DEN MEKONG NACH LUANG PRABANG
19. DEZEMBER

Als wir früh am Morgen an der Grenze nach Laos standen, hieß es: »Border clo-sed.« Der Grenzübergang am Mekong-Fluss war geschlossen. Normalerweise fuhr man hier mit dem Boot über die Grenze von Thailand nach Laos. Aber nun ging hier nichts mehr. Wir waren zunächst etwas verwirrt, doch recht schnell bekamen wir die Info, dass der Grenzübergang vor fünf Tagen verlegt worden war. Es gab jetzt eine Brücke, etwa zwei Kilometer entfernt. Dorthin mussten wir uns mit dem TukTuk bringen lassen. Schade eigentlich, wir wären so gern mit dem Boot über die Grenze gefahren. Aber ins Boot ging es danach sowieso. Zwei Tage lang sind wir mit einem sogenannten *slowboat* den Mekong hinuntergeschippert worden. Normalerweise war dies wohl eine ziemlich entspannte Angelegenheit, auch wenn die Holzbänke recht hart waren. Momentan herrschte allerdings eine extreme Käl-teperiode für Laos. Zum ersten Mal seit 50 Jahren gab es ganz oben im Norden von Laos Schnee. Für uns bedeutete das 10 °C statt 25 °C. Wir waren schwer damit beschäftigt, uns vor dieser gnadenlosen Kälte zu schützen, die mit dem Regen vor ein paar Tagen gekommen war. Es blieb nicht einmal Zeit, uns mit dem nächsten Reiseziel Luang Prabang zu beschäftigen.

MÖNCH TRÄGT DIE FARBE ORANGE

Es ist eben manchmal anzuraten, sich vor der Ankunft über den Zielort zu infor-mieren, damit man seine Erwartungen entsprechend anpassen kann. Im Fall von Luang Prabang haben wir die Vorabrecherche im wahren Sinn des Wortes über Bord fallen lassen. Erwartet hatten wir ein mäßig entwickeltes Städtchen mit ein paar abgewohnten Hostels und Tempeln. Erlebt haben wir ein mondänes Stadt-gefüge mit schicken Hotels, französischen Cafés, vielen kleinen Boutiquen und pompösen Tempelanlagen. Unzählige Mönche, alle in orange gekleidet, bewegten sich von einem Tempel zum nächsten. Die touristische Infrastruktur war nahezu perfekt für gut betuchte Reisende. Wir taten uns auf der Suche nach einer günsti-gen Unterkunft im historischen Teil der Stadt etwas schwer und hatten wohl mehr

Glück als Verstand, als wir doch noch etwas für 80.000 Laotische Kip (ca. sieben Euro) pro Nacht fanden. Allerdings hatte das Zimmer keine Klimaanlage, also auch keine Heizung. Es war aber immer noch unter 12 °C, und somit waren wir froh, dass wir für die Nacht unsere Schlafsäcke hatten. In weniger als einem Tag entdeckten wir die französisch angehauchten Vorzüge von Luang Prabang für uns: Baguette und Rotwein. Gut für den Magen und die Seele. Stefan, der inzwischen gar nicht genug von Tempeln bekommen konnte, war in Luang Prabang wieder in seinem Element. Nachdem er in Thailand schon jeden Tempel bei Tag und Nacht fotografieren musste, wurde das Programm hier weiter fortgesetzt: 33 buddhistische Tempel liegen entlang der Halbinsel zwischen Mekong River und Nam Khan, die das historische Zentrum von Luang Prabang bildet und natürlich UNESCO Weltkulturerbe ist. Dass die frühmorgendliche Mönchsprozession inzwischen zu einem touristischen Spektakel mutiert war, konnte ihn nicht abhalten, das gleich zweimal mitzumachen. Wir waren doch schon etwas entspannter geworden, fanden wir, denn aus einer geplanten Übernachtung sind am Ende drei Nächte geworden. Das war noch keine rekordverdächtige Reduktion der Reisegeschwindigkeit, aber wie gesagt: Wir konnten uns nicht von einem auf den anderen Tag um 180° ändern.

KEIN WEIHNACHTEN OHNE ZUHAUSE
23. DEZEMBER
Trotz unseres vorgezogenen Weihnachtsfestes in Thailand wurden wir nun so kurz vor dem Heiligen Abend etwas melancholisch. Bisher hatten wir das Weihnachtsfest immer zu Hause bei der Familie verbracht. Um Weihnachten frei zu bekommen, hatten wir in manchen Jahren so einiges in Bewegung setzen müssen, denn Weihnachten ist Hochsaison in den Skigebieten. Dort hatten wir schließlich in den letzten Jahren gearbeitet. Aber uns war es immer wichtig gewesen, daheim zu feiern. In diesem Jahr war das nicht anders, nur würde der Flug bei dem derzeitigen Budget, das wir uns zur Verfügung gestellt hatten, ein Vermögen verschlingen. Dennoch hatte ich so kurz vor Weihnachten die fixe Idee, für uns beide einen Flug

nach Hause buchen zu wollen. Jetzt hatte das Heimweh nämlich mich erwischt. Und eine Flasche Rotwein am Abend hatte ihr Übriges getan. Dabei wollten wir doch offen sein für etwas Neues und Anderes. Hier glauben die Menschen weder ans Christkind noch an den Weihnachtsmann. In Laos wird kein Weihnachten gefeiert. Das sollten wir also in diesem Jahr auch nicht tun. Nur unser kleiner mobiler Tannenbaum hat uns daran erinnert, dass jetzt eigentlich Weihnachten war. Ich habe dann doch keinen Flug gebucht. Stefan konnte mich von dieser Schnapsidee noch einmal abbringen. Aber eines wussten wir beide ganz genau: Im nächsten Jahr wollten wir Weihnachten wieder zu Hause sein!

Nun versprach Stefan mir aber, erst einmal ein paar ganz entspannte Tage in einer schönen Unterkunft zu verbringen. Ironischerweise führte uns dies in das Partystädtchen Vang Vieng.

DIE NEUE RUHE VON VANG VIENG
27. DEZEMBER

Bis vor ein paar Monaten war Vang Vieng eine Hochburg für partywütige junge Rucksacktouristen gewesen. Vor allem australische Schulabgänger hatten hier ihr vermeintliches Glück beim sogenannten Tubing gefunden. In übergroßen Schlauchreifen schipperte man auf dem Fluss Nam Xong von einer Bar zur nächsten und betrank sich, bis man nicht mehr wusste, wo oben und unten war. Aber nach einer Reihe von Unfällen im letzten Jahr, bei denen es sogar Tote gab, ließ die laotische Regierung 24 Bars schließen, sodass das Tubing damit extrem eingeschränkt wurde. Nun blieben natürlich die jungen Wilden aus und Bars, Restaurants und Hostelbetten blieben leer. Wir probierten das eingeschränkte Tubing dennoch aus und stellten fest, es reichten auch zwei Bars, um betrunken zu werden.

In Vang Vieng wurde aber immer mehr versucht, einen neuen Weg im Touristengeschäft zu finden. Ein paar Unterkünfte setzten jetzt auf sanften Tourismus. Umgeben ist der Ort nämlich von Karst-Fels-Formationen, in denen sich viele

Höhlen zum Erkunden befinden. Die Felsen selbst eigneten sich wunderbar zum Klettern. Und dann konnte man noch etwas in Vang Vieng. Chillen! Wir schafften es, ein paar Tage lang nichts zu machen. Wir schliefen bis zum späten Vormittag und bewegten uns nur zum Essen weg von unserem kleinen Bungalow. Ansonsten lagen wir in der Hängematte oder auf dem Bett und schauten aus unserem Panoramafenster auf die Berge. Stefan hatte nämlich Wort gehalten und eine wunderschöne Unterkunft für uns gefunden.

ONROAD OFFROAD LAOS
3. JANUAR

Von Vang Vieng ging es nach einer Woche mit dem Nachtbus weiter Richtung Süden bis nach Pakse. Dort liehen wir uns zwei Mopeds, packten das Wichtigste zusammen und fuhren los. Unsere restlichen Sachen konnten wir in dem Laden zwischenlagern, von dem wir die Mopeds hatten.

Was Stefan in der Mongolei auf dem Pferd hatte aushalten müssen, musste ich jetzt auf dem Moped durchstehen. Krämpfe im Hintern vom langen Sitzen, Angstschweiß von der Panik gleich im nächsten Graben – oder Fluss – zu landen und Schmerzen im Rücken von den Schlaglöchern. Meine Mopedfahrerfahrung hatte nämlich ein ähnliches Niveau wie Stefans Reiterfahrung – sie tendierte gegen null (abgesehen von der einen Fahrstunde in Thailand). Allerdings ist das Mopedfahren um einiges gefährlicher und schneller (finde ich). Fürs Pferd braucht man ja schließlich auch keinen Führerschein, für ein 100-cm³-Moped eigentlich schon. Aber wen interessierte das. Hier fuhr jeder so, wie er wollte – die Hauptsache war, man kam irgendwie durch. Die Route hatte Stefan schon vor einiger Zeit im Reiseführer gefunden. Die Idee, mit dem Moped loszufahren, war bereits in Indonesien geboren worden, als wir Sam mit seinem Motorrad in Pulau Merah kennengelernt hatten. Stefan wollte auch die Freiheit besitzen, selbst zu entscheiden, wo und wann wir anhalten konnten. Nun hatte ich mich endlich überreden lassen, es zumindest einmal auszuprobieren.

Die Route nennt sich Bolaven Plateau Loop. Wir legten in fünf Tagen 370 Kilometer zurück und – ohne nennenswerten Unfall. Auch ich. Der Trip hat uns beiden unglaublich viel Spaß gemacht. Vergessen waren die Heimwehdramen vor Weihnachten. Jetzt war wieder Action angesagt, und ich war in meinem Element. Der Weg führte von Pakse zunächst bis in das Dorf Tat Lo. Hier gab es neben einem sehenswerten Wasserfall auch einige brauchbare Unterkünfte. Wir haben uns für den wohl unbrauchbarsten Bungalow entschieden. Komplett windschief und auch nicht gerade sauber, aber dafür günstig. Umgerechnet zwei Euro kostete die Übernachtung. Bekannte Gesichter haben wir auch getroffen. Ein paar Leute, die wir bereits in Vang Vieng kennengelernt hatten. So ist das, wenn man auf einer Hauptverkehrsroute für Backpacker unterwegs ist. An bestimmten Punkten trifft man sich immer wieder. Am nächsten Tag ging es weiter über das Dorf Kokpungta bis nach Salawan. In Kokpungta lebte eine laotische Minderheit, die sich Katu nennt. Mr. Ouk, der die Besucher herumführte, war schnell gefunden. Wir haben seine Geschichte erfahren und auch viel über sein Dorf gelernt. Die Menschen lebten in Großfamilien. Ein Mann hatte mehrere Frauen, wobei die Frauen arbeiteten, die Männer zu Hause blieben und sich um die kleinen Kinder kümmerten. Das klang ja noch alles ganz gut, aber dass die Frauen ihre Kinder im Wald bekamen, war schon etwas sehr anders. Beeindruckend war aber, dass sich diese Tradition trotz Anschluss an die Hauptstraße unter der normalen Bevölkerung so hartnäckig hielt. In Salavan verbrachten wir die nächste Nacht. Der Ort lag nicht mehr auf der Touristenroute, und somit schwand auch das Angebot an Unterkünften und Restaurants rapide. Dafür wurde es umso laotischer. Anstatt einer Speisekarte bekamen wir direkt Lao Soup serviert und mussten mit Innereien und Hühnerfüßen in der Suppe zurechtkommen. Von Salavan ging es querfeldein und über provisorische Brücken Richtung Se Kong River. Dort erwarteten uns ein paar Wasserfälle, und wir badeten mit den Laoten im Fluss. Die letzte Teilstrecke führte dann über das Bolaven-Plateau.

LAO COFFEE WORKSHOP

Das Bolaven-Plateau war nicht nur für seine Wasserfälle und das kühle Klima bekannt, sondern auch für seinen hochwertigen Kaffee. Wir liebten Kaffee, und Laos hatte echt guten. Man musste ihn nur finden. Also tauchten wir ab in die Welt des Kaffees. Hier auf dem Plateau versuchten die Pflanzer, einen Weg zwischen *big business* und *fair trade* bei der Kaffeeproduktion zu finden. Wir haben in Paksan, der Hauptstadt des Kaffees, das Jhai Coffee House besucht, und keine 15 Stunden später standen wir in der kleinen Plantage von Mr. Bone und ernteten die roten Früchte der Kaffeepflanze. Die Jhai Coffee Farmer Coorporative stand für *fair trade* und hatte es sich zur Aufgabe gemacht, durch Training der Farmer besonders hochwertigen Kaffee zu produzieren. Wir haben bei unserem Workshop nicht nur gelernt, wie die Früchte aufbereitet, geschält und sortiert werden, wir haben die Kaffeebohnen auch geröstet, gemahlen und anschließend einen perfekt aufgegossenen Kaffee genossen.

PAUSE AUF DEN 4.000 INSELN

Nach unserem Moped-Abenteuer brauchte ich erst einmal ein paar Tage Pause. Die 4.000 Inseln an der Grenze zu Kambodscha boten sich dafür perfekt an. Die Inseln Don Det und Don Khon waren zwar auch ein Backpacker-Eldorado, aber hierher hatte es nur eine entspannte Splittergruppe der Rucksacktouristen geschafft. Die Stimmung auf den idyllischen Inseln im Mekong verlangte nicht mehr als ein kühles Lao-Bier und ein gutes Curry mit *sticky rice*. Wir fanden im Süden von Don Det ein kleines Paradies. Die Zutaten waren ganz einfach: Bungalow am Wasser, Hängematte vor der Tür, Blick auf Palmen und absolute Ruhe. Ach ja, und irgendwo in der Nähe einen kostenlosen Internetanschluss ...

SO WAR LAOS

Laos war anders als erwartet. Eigentlich wollten wir dort schwitzend durch den Dschungel wandern und uns von Bambus ernähren, auf Elefanten reiten und im Zelt schlafen. Nichts davon. Stattdessen schipperten wir frierend über einen Fluss, aßen Unmengen Baguette, fuhren auf Mopeds durch die Gegend und schliefen in kleinen Bungalows aus Bambus. Das war alles nicht schlecht, eigentlich sogar ziemlich cool und abwechslungsreich, nur eben ganz anders als wir uns das vor ein paar Wochen gedacht hatten. In Laos haben wir gefühlt wirklich viel gesehen. Nur auf den Hühnerfuß in der Lao Soup können wir gern beim nächsten Mal verzichten.

Wir ließen uns dann weitertreiben, nicht auf dem Boot und auch nicht im Gummi-reifen. Vor uns lagen zwölf Stunden Busfahrt bis nach Siem Reap in Kambodscha.

Kambodscha

DER TEMPELMARATHON VON ANGKOR

11. JANUAR

Die Tempel von Angkor haben als Zentrum des Königreichs der Khmer vom neunten bis 14. Jahrhundert Geschichte geschrieben. Schon wie bei der Chinesischen Mauer war es für uns unfassbar, was die Menschen schon vor Jahrhunderten geschaffen haben ... und wie bei der Chinesischen Mauer waren auch hier die Touristenmassen unfassbar! Quasi lückenlos schoben sich die Gruppen durch die engen Gänge der Tempelanlagen. Anders als bei der Chinesischen Mauer versuchten wir, diesmal aber nicht mittendrin zu sein. Stefan hatte ein paar Fotoideen – ohne Menschenmassen. Das war gar nicht so einfach. Die Fotoideen ließen sich am Ende zwar weitestgehend umsetzen, den Menschenmassen entkamen wir aber nicht. Das ging schon zum Sonnenaufgang los: In Angkor gibt es sehr viele Tempel. Der größte und bekannteste ist wohl Angkor Wat. Ohne Frage beeindruckend und besonders idyllisch an einem großen Ententeich gelegen. Dieser Ententeich war jeden Morgen Mittelpunkt eines Massenspektakels – dem Sonnenaufgang! Hunderte Menschen kamen, um ihr Foto zu machen. Die vordersten Plätze waren natürlich heiß begehrt. Auch wir haben mitgemacht, und schon um 04:30 Uhr nach einem guten Platz gesucht. Immer darauf bedacht, nicht in die Entenpfütze zu treten ... Und noch während völliger Dunkelheit kamen die kleinen Verkäufer und nahmen die Kaffeebestellung auf. Die Kids nannten sich »Spiderman« oder »Rambo« und brachten einem den Kaffee direkt an den erkämpften Stehplatz. Der Sonnenaufgang selbst war nicht so spektakulär, aber das Bestaunen der Menschenmassen hinter uns war das frühe Aufstehen wert. Nach dem ersten Morgenrot hieß es, möglichst schnell zum nächsten Tempel zu kommen, noch bevor die ersten großen Reisegruppen eintrafen, wir hatten uns als ersten Ta Prohm, den sogenannten Tomb-Raider-Tempel, vorgenommen. 45 Minuten hatten wir da noch Vorsprung. Aber spätestens zu Mittag wurden wir von den Touristengruppen eingeholt und am Nachmittag dann überholt. Unser Tempelmarathon dauerte zwölf Stunden – danach waren wir vollkommen erledigt, und dabei hatten wir lange noch nicht alles in Angkor gesehen.

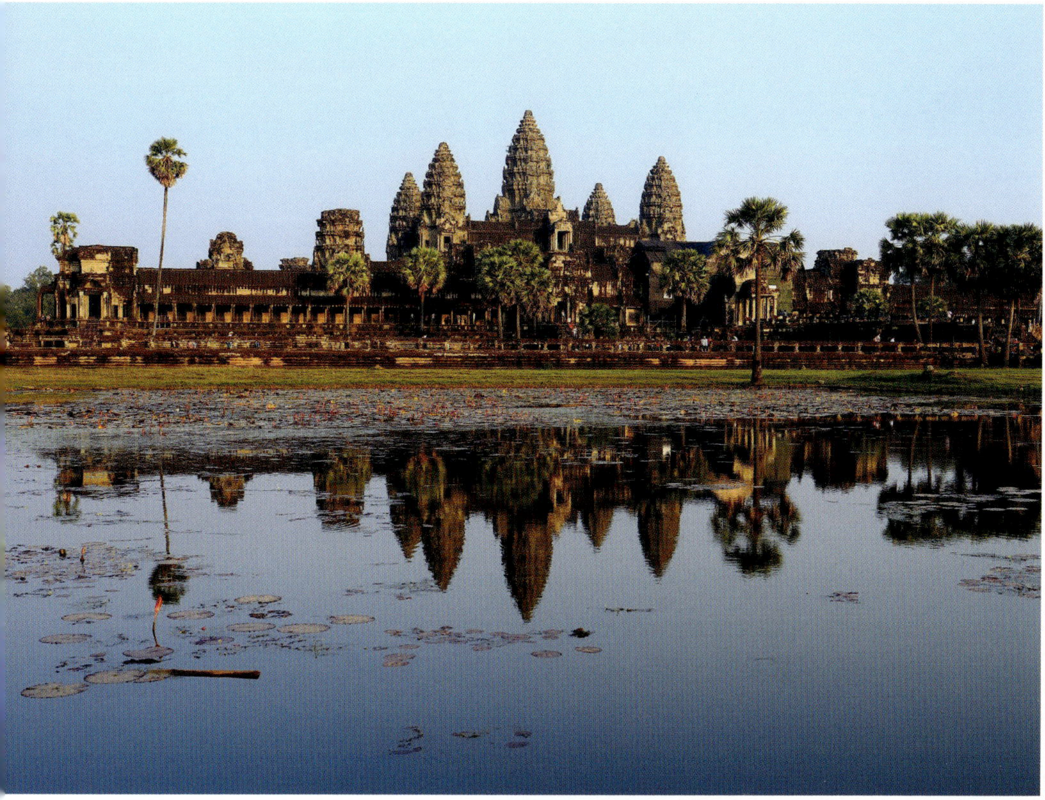

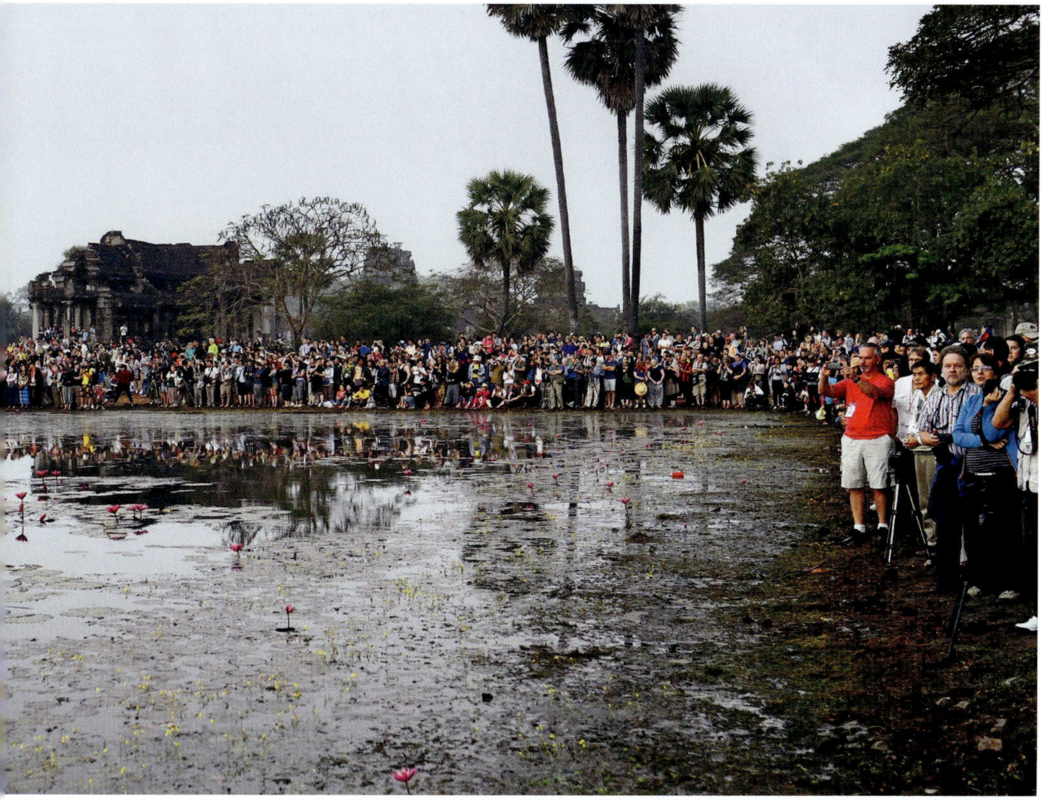

DER DSCHUNGELTEMPEL

Knapp 70 Kilometer und zwei Stunden mit dem TukTuk von Siem Reap entfernt liegt ein weiterer Tempel: Beng Mealea. Die Tempelanlage bietet laut Reiseführer neben Ta Prohm die ultimative Indianer-Jones-Erfahrung. Der Tempel ist vollkommen vom Dschungel eingenommen worden. Überall wuchsen Bäume auf den Mauerresten, und die Baumwurzeln schlängelten sich durch ehemalige Türen und Fenster. Man durfte (noch!) überall herumklettern – keine Absperrungen, keine Verbotsschilder. Stefan nutzte das mit einer unglaublichen Ausdauer und ist mit seiner Kamera über und durch den Tempel geklettert. Ich kam da kaum hinterher und habe irgendwann vor Hitze, Hunger und Mücken kapituliert. Doch auch in Beng Mealea fielen langsam die Massen ein, denn die Straße dorthin war vor Kurzem asphaltiert worden und die Anreise somit um einiges leichter. So viele Menschen halten diese Sandsteinruinen aber nicht aus. Und so ist es nur noch eine Frage der Zeit, bis die Besucherströme auf vorgefertigten Wegen komplett durch den Tempel geleitet werden und ein Abstecher in die Türme und Gräben verboten wird. Mit Recht.

RUCKSACK WEG!

Nachdem die Busfahrt von den 4.000 Inseln nach Siem Reap mehr als 18 Stunden anstatt der geplanten zwölf gedauert hatte, fühlten wir uns von Anfang an in Kambodscha durch den Kakao gezogen. An und für sich war es ja kein Problem für uns, wenn eine Fahrt länger dauerte, aber die Fahrzeitmasche hatte System. Die Busse warben mit kürzeren Fahrzeiten, damit man ihren Bus buchte, und die Fahrer logen uns dreist ins Gesicht, als wir nach der tatsächlichen Fahrzeit fragten. Das waren wir in Asien bisher nicht gewohnt gewesen, auch wenn viele Busfahrten deutlich länger gedauert haben als veranschlagt. Meist konnte man das auf den Verkehr zurückführen. In Kambodscha war die Straße aber immer frei, und somit gab es keinen Grund für sechs Stunden Überschuss. Dieser erste Eindruck, dass es nur ums Geld ging, hat uns nicht mehr losgelassen, und irgendwie haben wir dann alles darauf projiziert. Als wir das TukTuk von Beng Mealea bezahlen wollten, wurde von uns am Abend ein anderer Preis verlangt also am Morgen ausgemacht worden war. Das wollten wir uns nicht gefallen lassen und haben uns dann nicht nur mit dem TukTuk-Fahrer, sondern auch mit dem Hotelbesitzer angelegt, weil der sich in die Sache eingemischt hat. Da hatten wir wirklich keine Lust drauf. Eigentlich wollten wir nach dem Stress sofort ausziehen. So sauer waren wir. Weil die Unterkunft aber schon für die kommende Nacht bezahlt war und wir am nächsten Morgen sowieso weiter wollten, sind wir dann doch geblieben. Zum Abendessen haben wir aber alle unsere Wertsachen mitgenommen. Und dann sind wir noch in eine Bar, um den Ärger mit einem Bier hinunterzuspülen. Als wir auf dem Rückweg schon fast wieder bei unserer Unterkunft angekommen waren, stellten wir fest, dass wir den Rucksack mit all den Wertsachen in der Bar stehen gelassen hatten. Und »all unsere Wertsachen«, das bedeutete: Reisepass, Kreditkarte, Kamera, Handy, Laptop ... So schnell war Stefan lange nicht mehr gerannt. Als er in der Bar ankam, war der Rucksack allerdings weg. Wie kann man auch so blöd sein wie wir! Stefan hat alles abgesucht und dann irgendwann bei der Barfrau nachgefragt. Und zu seiner Überraschung: Die Barfrau hatte den Rucksack gesehen und hinter die Theke gestellt. Sofort waren wir versöhnt mit den Menschen und dem Land.

TRIUMPH IM TUKTUK

Die Busfahrt von Siem Reap in Kambodschas Hauptstadt Phnom Penh hat dann auch nur sieben statt der veranschlagten sechs Stunden gedauert. Im TukTuk hatten wir dann noch unser persönliches Erfolgserlebnis in Kambodscha: Bislang hatten wir bei Verhandlungen über den Fahrpreis mit dem TukTuk immer irgendwann aufgegeben, obwohl wir wussten, dass wir mit dem ausgehandelten Preis weit über dem lagen, was Einheimische zahlen würden. Diesmal waren wir aber hart geblieben. Für einen Dollar wollten wir mitfahren, ansonsten wären wir gelaufen. (In Kambodscha gibt es nur US-Dollar am Geldautomaten, und daher war das hier eine gängige Währung. Wechselgeld gab es allerdings nur in der kambodschanischen Währung Riel.) Für diesen Preis hat uns ein TukTuk-Fahrer am Ende auch mitgenommen. Auf der Fahrt fragte er dann, wo wir denn hier wohnten (also leben würden), oder woher wir sonst wüssten, dass man in Phnom Penh für einen Dollar überallhin kommt. Das war unser Triumph im TukTuk! Dem TukTuk-Fahrer haben wir dann auch versprochen, dass er uns am darauffolgenden Tag zum Flughafen bringen darf. Phnom Penh schien auf einer Internetader zu liegen. So schnelles Internet wie hier hatten wir auf der ganzen Reise noch nicht gefunden. Für Stefan die Gelegenheit, neue Fotos auf den Webserver zu laden. Und wir konnten weitere Reisepläne schmieden. Nachdem wir mit den Gedanken ja schon in Neuseeland waren, wurde es Zeit herauszufinden, wie wir am besten von dort bis nach Südamerika kommen konnten. Die Idee, auf einem Frachter anzuheuern, klang zwar ganz nett, aber das war nicht wirklich das, was wir uns für diese Reise vorgestellt hatten. Flüge waren zwar günstiger, aber immer noch ziemlich teuer. Die einzig preiswerte Verbindung von Neuseeland zum amerikanischen Kontinent war ein Flug nach Los Angeles. Von dort hätten wir dann weiter nach Südamerika fliegen können. Aber wollten wir das wirklich? Wir hatten in den letzten Tagen viel darüber diskutiert, wohin uns unsere Reise noch führen sollte. Südamerika rückte dabei aus verschiedenen Gründen immer weiter weg von unserem Reiseplan.

SO WAR KAMBODSCHA

Es war eigentlich schade, aber irgendetwas war zwischen uns und Kambodscha schiefgelaufen. Vielleicht waren wir an den falschen Orten, vielleicht sind wir auf die falschen Menschen getroffen, vielleicht waren aber auch wir zu wenig offen. Wir wissen es nicht. Wir hatten uns dafür auch kaum Zeit gelassen. Nach nur einer Woche in Kambodscha ging's weiter.

Hallo?! Waren wir nicht auf Weltreise und hatten wir uns nicht vorgenommen, alles entspannter anzugehen? Die guten Vorsätze waren in Kambodscha auf der Strecke geblieben. Das Land hatte uns nicht gepackt, das Reisefieber aber wieder umso mehr. Wir wollten endlich auf die Philippinen! Schon seit Wochen freuen wir uns auf unser Robinson-Crusoe-Abenteuer. Vor uns lagen vier Wochen auf der Insel Palawan. Dort wollten wir uns mit dem Seekajak auf Traumstrandsuche machen.

Philippinen

FAR NORTH PALAWAN

17. JANUAR

Die Philippinen gehörten von Anfang an zu den Wunschreisezielen. Die Idee, auf der Insel Palawan einen Seekajak-Trip zu machen, hatten wir schon seit mehr als vier Jahren im Kopf. Damals waren wir zum ersten Mal auf den Philippinen gewesen. Nun freuten wir uns seit Wochen auf die Zeit in Palawan und organisierten alles Mögliche. Unzählige E-Mails schrieben wir mit dem Bootsvermieter hin und her, ich hatte Pack- und Einkaufslisten erstellt und mehr als einmal optimiert. Wir hatten sogar extra eine Karte beim zuständigen Seefahrtsamt in Puerto Princesa, der Hauptstadt von Palawan, organisiert. Wir freuten uns auf einsame Strände, glasklares Wasser und viel Sonnenschein. Und dann: eine Taifunwarnung. Einen Tag, bevor wir eigentlich starten wollten. An einen Aufbruch am nächsten Tag war nicht mehr zu denken, und die Enttäuschung bei uns beiden war ziemlich groß.

Wir hatten bereits einen Großteil des Proviants gekauft, und auch die Paddelroute war bis auf einige Details geplant. Aber es war einfach zu gefährlich, sich auf den Weg zu machen. Und so mussten wir warten, bis der Sturm vorbei war und die Vorhersagen wieder besser wurden. Es blieben uns noch drei Wochen auf den Philippinen. Da wir nicht einfach nur rumsitzen und Trübsal blasen wollten, versuchten wir, ein Alternativprogramm auf die Beine zu stellen. Das Reisen mit dem Moped in Laos hatte uns gut gefallen, da schien uns eine Tour mit dem Motorrad durch den Norden von Palawan genau richtig zu sein. Weil es nur größere Motorräder zum Mieten gab, ich mir das Fahren mit diesen Maschinen aber nicht zutraute, entschieden wir uns, nur ein Motorrad zu nehmen und mit kleinem Gepäck loszuziehen. Sobald die Wettervorhersagen besser werden würden, wollten wir dann lospaddeln. Aus einer kurzen Spritztour wurden sechs Tage. Im Nachhinein war dies eine der besten Entscheidungen, die wir seit Langem getroffen hatten. In Thailand, Laos und Kambodscha waren wir meist auf den Haupttouristenrouten unterwegs gewesen und hatten nur relativ wenig von Land und Leuten mitbekommen.

Auf unserer Tour durch den Norden von Palawan hatten wir das Glück, bei Einheimischen in den abgelegenen Fischerörtchen wohnen zu können, und wir waren bei einem wunderbaren Fest dabei. Wir haben Fisch direkt vom Boot gekauft, wir haben gelernt, wie man den Fisch *filipino style* zubereitet und dann einfach mit den Händen isst. Wir wurden so herzlich aufgenommen, dass der Sturm in weite Ferne rückte. Doch als uns die Filipinos die Schäden vom letzten Taifun zeigten, wurde uns klar, wie dämlich es gewesen wäre zu starten. In der darauffolgenden Nacht zog der angekündigte Sturm über uns weg, ohne große Schäden zu hinterlassen. Er hatte sich bereits über dem Meer deutlich abgeschwächt. Besonders beeindruckte uns das Dorf Diapila, das wir wegen der fehlenden Straßen ohne Motorrad nie hätten erreichen können. Wir wohnten bei Edgar und seiner Familie und haben viel über das Leben der Fischerleute gelernt. Erstaunlicherweise fanden wir hier selbst im hintersten Nest immer jemanden, der Englisch sprach. Die Hütten der Filipinos waren meist aus Bambus oder Beton, die Inneneinrichtung sehr spartanisch, man schlief auf Holzplanken, und einen Kleiderschrank suchten wir vergebens. Edgar hatte uns quasi sein Schlafzimmer überlassen. Auch wenn es wirklich sehr nett von ihm war, hätten wir lieber auf unserer Isomatte geschlafen. Die Holzplanken waren doch sehr hart und gewöhnungsbedürftig. Die Küche war der Ort, wo sich das Leben abspielte. Bei Edgar lag die Küche außerhalb des Haupthauses im Hof. Hier wurde auch für uns gekocht: Es gab Reis, Fisch und Sojasoße mit Zwiebeln und Limetten, manchmal auch Tomaten und Gurken dazu. Der Fisch variierte je nachdem, was am Morgen im Netz gewesen war. Wir hatten eine gute Zeit mit den Dorfbewohnern und waren sogar ein wenig traurig, als wir wieder aufbrachen. Die Freundlichkeit von Edgar und seiner Familie war kaum zu übertreffen.

Die Wetterkarten sahen nach den sechs Tagen wieder viel besser aus. Deshalb machten wir uns auf den Weg zurück zu den Booten, damit unser Kajak-Traum doch noch in Erfüllung gehen konnte.

EIN HALBES JAHR!
23. JANUAR

Dann waren wir genau ein halbes Jahr unterwegs. Wow! So lange war es nun schon her, dass wir geheiratet hatten. Bisher hatten wir kaum darüber nachgedacht, wie schnell die Zeit verging, sondern einfach in den Tag gelebt. Zusammen. Wir waren 24 Stunden am Tag zusammen, sieben Tage in der Woche. Wir verstanden uns immer noch ziemlich gut. Natürlich gab es immer wieder Diskussionspotenzial bei der Wahl der genauen Reiseroute, der Unterkunft oder der Location fürs Abendessen. Aber das waren nur kurze Momente. Wir stritten uns nicht stunden- oder gar tagelang. Denn im Grunde wussten wir ja, dass wir dasselbe wollten: weiter zusammen reisen! Hier wollten wir aber erst einmal zusammen paddeln!

SÜDSEEFEELING IM SEEKAJAK
9. FEBRUAR

Zwölf Tage und elf Nächte waren wir unterwegs. Wir hätten die Strecke zwar durchaus schneller zurücklegen können, aber wir hatten es tatsächlich geschafft, uns Zeit zu lassen. Und es hat sich wirklich gelohnt! Das Wasser rund um die 45 Inseln des Bacuit-Archipels war so klar, dass wir vom Kajak aus die Fische beobachten konnten und nicht einmal zum Schnorcheln aussteigen mussten. Weißer, feiner Sandstrand trifft auf grauen, schroffen Kalkstein, dazu gibt's Palmen, Lagunen und blauen Himmel – absolutes Südseefeeling!

Bei diesem Trip hatten wir uns aus verschiedenen Gründen für das Bacuit-Archipel bei El Nido auf Palawan entschieden: Zum einen war da diese fixe Idee im Kopf. Selbst wenn wir länger darüber nachdenken, wie es zu dieser Idee kam, wir haben keine Ahnung. Stefan hatte das irgendwann, nachdem wir vor ein paar Jahren das erste Mal auf den Philippinen gewesen waren, in den Raum geworfen, und dann war die Idee einfach gewachsen. Es muss ja auch nicht immer alles einen Grund haben. Dann natürlich wegen der Landschaft. Es sieht hier aus wie in der Südsee. Glaubten wir zumindest. Wir waren ja noch nicht in der Südsee gewesen,

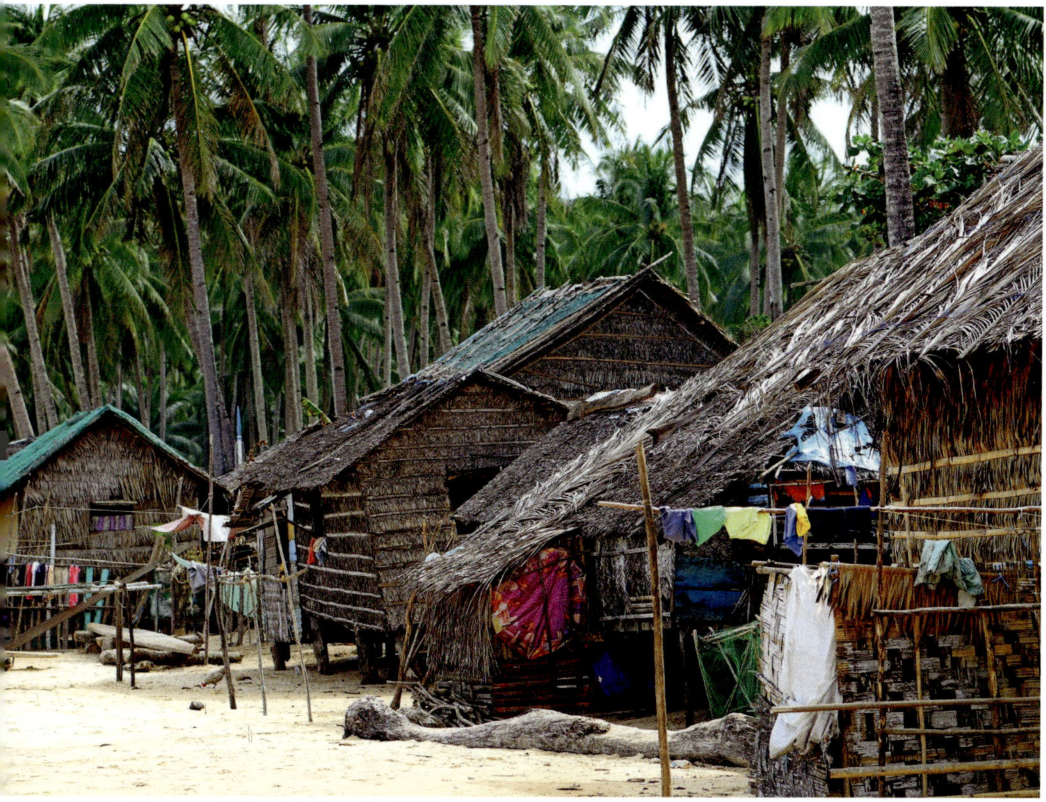

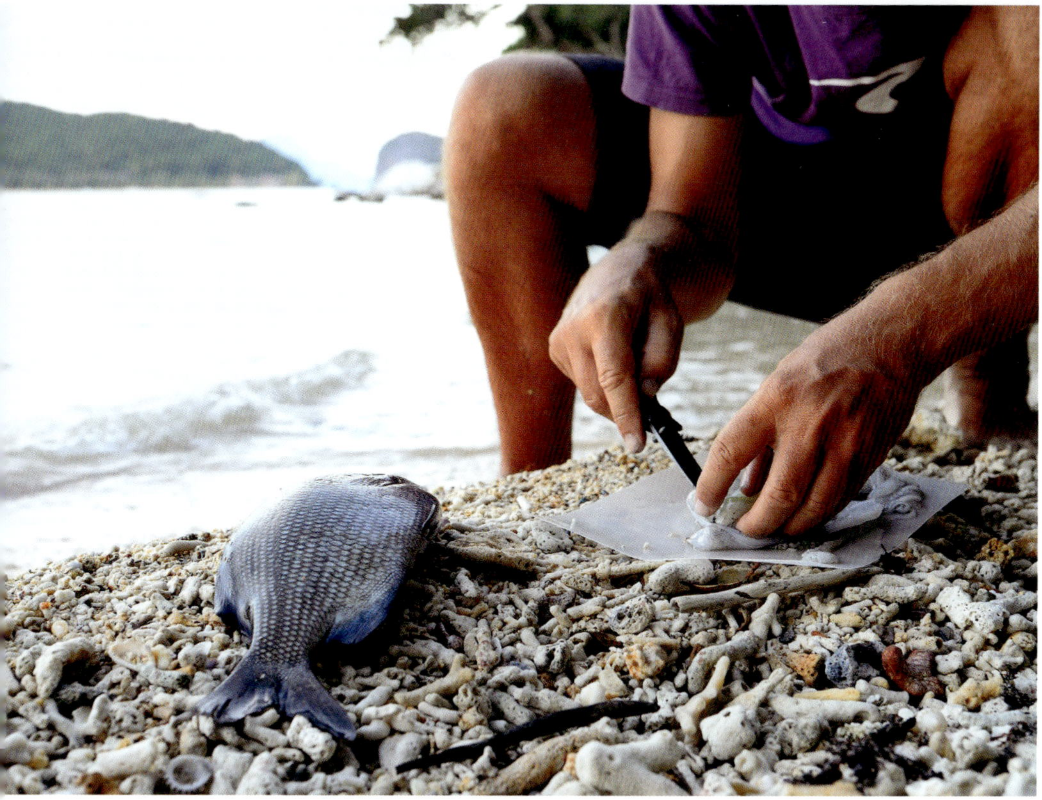

und ob wir uns das überhaupt je würden leisten können, stand in den Sternen. Und zu guter Letzt wegen der guten Erreichbarkeit und den Distanzen. Vom Festland oder der Hauptinsel aus war jede der Inseln im Archipel relativ schnell mit einem Motorboot zu erreichen. Wir mussten ja auch an den Ernstfall denken. Was, wenn es wieder einen Sturm geben würde oder einer von uns kenterte? Nicht zu weite Distanzen zwischen den einzelnen Inseln und ein vom offenen Meer geschützter Teil des Archipels waren außerdem gute Voraussetzungen, um zwischen den Inseln hin und her paddeln zu können.

Und dann waren da noch ein paar andere Dinge wichtig. Die Übernachtung im Freien: Campen am Strand war auf den Philippinen grundsätzlich erlaubt, man durfte nur nicht auf Privatgelände zelten. Darüber hatten wir uns vorab informiert. Unser Transportmittel? Ein Kajak hatten wir natürlich nicht in unserem Gepäck, auch kein Faltkajak. Deshalb war der Plan, dass wir vor Ort Kajaks mieten wollten. Ein Kajak zu mieten war hier erschwinglich. Allerdings war es gar nicht so einfach, geeignete Kajaks zu finden. Auf den Philippinen waren Sit-on-Top-Kajaks sehr verbreitet. Diese hatten jedoch kaum Stauraum für Essen oder Gepäck und waren somit für Mehrtagestouren eher ungeeignet. El Gordo Adventures war der einzige Kajakverleih in ganz Palawan, der immerhin ein Sit-inside-Kajak und einige Sit-on-Top-Kajaks mit Staufächern hatte.

Gordo war einfach super! Wir kombinierten unsere geplante Route und auch die potenziellen Übernachtungsmöglichkeiten mit seinem Wissen und konnten so eine perfekte Tour zusammenstellen.

Auf dem Wasser erwarteten wir zunächst ähnliche Bedingungen wie in Schweden. Nur hatten wir es hier oft mit dem offenen Meer zu tun, und somit waren Wellen und Wind ein sehr viel limitierender Faktor, als wir gedacht hatten. Gordo zweifelte teilweise daran, ob wir all die Schlüsselstellen schaffen würden (ohne zusätzliche Bootunterstützung) und verunsicherte uns somit auch ein wenig, aber wir

haben uns trotzdem nicht aufhalten lassen, sondern wollten es zumindest versuchen – und haben auch alles geschafft! Am Ende war alles eine Frage des richtigen Timings beziehungsweise von Augen zu und durch!

Womit wir nicht so richtig gerechnet hatten, waren die plötzlichen Wetterumschwünge. Auch wenn die Wettervorhersage beim Start unseres Trips vielversprechend war, nach etwa einer Woche änderte sich das Wetter vom strahlenden Sonnenschein zum tropischen Sturm, vom spiegelglatten Meer zu meterhohen Wellen und von Rückenwind zu Gegenwind innerhalb weniger Minuten. Wir saßen auf der Insel Matinloc am Strand fest, und nur unser Zelt bot uns Schutz vor Sturm und Regen. Und nicht einmal das war richtig sicher. Wegen des Windes fielen die Kokosnüsse von den Palmen, und wir mussten höllisch aufpassen, nicht erschlagen zu werden. Glücklicherweise stand unser Zelt an einer einigermaßen geschützten Stelle. Sowieso hat uns das Zelt sehr beeindruckt. Bis auf die Heringe (wir hatten keine Sandheringe dabei) hat es den Sturm locker weggesteckt. Ein wenig Angst (zumindest bei mir) war in den 18 Stunden Sturm trotzdem dabei. Erst im Nachhinein wussten wir, dass der Tropensturm Basyang mit Windgeschwindigkeiten von bis zu hundert Stundenkilometern über uns gefegt war und auf seinem Weg über die Philippinen sechs Menschen das Leben gekostet hatte.

DER PERFEKTE STRAND

Wer einmal nach El Nido kommt, bucht in der Regel auch eine der angebotenen Island-Hopping-Touren, immer auf der Suche nach dem perfekten Strand. Die weißen Sandstrände, die hohen Felsen, Palmen und Riffe locken immer mehr Touristen in das einst so ruhige Fischerdorf. In der Hauptsaison fuhren jeden Tag mehr als hundert Boote raus, um die Besucher zu den feinen Sandstränden und den atemberaubenden Lagunen zu bringen. Natürlich gab es davon nicht unendlich viele. Wir mussten die Strände mit den anderen Besuchern teilen. Tagsüber. Und auch nur manchmal. Das Tolle am Seekajaken ist das flexible Zeitmanagement. So hatten wir die schönsten Strände und Lagunen meistens für uns allein. Wir mussten eben nur wissen, wann und wo die Boote kamen. Morgens gegen zehn Uhr konnte ein Strand noch völlig leer sein, um 12:30 Uhr aber mit 15 Tour-Booten völlig überfüllt sein. Aber schon nach einer Stunde war der Spuk wieder vorbei, und die Boote fuhren zum nächsten Strand und kehrten am Nachmittag nach El Nido zurück. Wir waren dann wieder allein. Manche Strände hatten wir sogar tagelang für uns allein. So auch unseren perfect beach. Nur durch Zufall (okay, es war zu viel Gegenwind, und wir brauchten eine Pause) haben wir hier überhaupt angehalten. Ein relativ steiler Sandstrand an den sich ein kleines Plateau mit Palmen anschloss. Perfekt zum Zelten und Chillen in der Hängematte. Die Bucht war umrahmt von Felsen, und nach hinten ging es in den Dschungel hinein. Am Morgen grüßten uns die Affen vom Baum und die Schildkröten aus dem Wasser. Und das Beste war: Wir hatten den ganzen Tag Ruhe und Zeit für uns. Wie kleine Kinder bauten wir unser eigenes Reich mit Feuerstelle, Dusche und Wohnbereich. Wie große Kinder stießen wir darauf dann mit Rum-Zitrone an.

Wir hatten uns das mit den einsamen Stränden allerdings etwas einfacher vorgestellt. Es gab auf dem Archipel zwar viele schöne Strände, nur waren diese meist privat und abgesperrt. Wenn nicht gerade ein Luxus-Resort an den Strand gebaut war, gab es zumindest Security, die aufpasste, dass niemand an den Strand kam. Das philippinische Gesetz sagte zwar, dass der Strand grundsätzlich öffentlich ist, aber in der Realität hieß das leider nicht, dass wir auch überall Zugang bekamen geschweige denn dort auch schlafen konnten. An manchen Tagen war die Zeltplatzsuche daher etwas mühsam, doch haben wir jeden Abend etwas Geeignetes gefunden. Man darf eben nicht zurückschrecken, wenn man von einem bewaffneten Security-Mann am Strand begrüßt wird. Erschossen wurde von denen hier noch niemand (sagen die Security-Männer), und nett waren die Herren in der Regel auch. Besonders hilfsbereit war Richie. Er half uns sogar beim Zeltaufbau und Fischausnehmen.

ESSEN UND TRINKEN

Mit dem Seekajak unterwegs zu sein bedeutet gut zu packen und zu kalkulieren. Insbesondere, wenn es auf dem Weg nur wenige oder gar keine Möglichkeiten gab, an Trinkwasser zu kommen. Da wir inzwischen ganz gut einschätzen konnten, wie viel wir brauchten, fiel es uns relativ leicht, Essen und Trinken zu kalkulieren. Wir versuchten, pro Tag zusammen mit sechs Litern Wasser, 200 Gramm Haferflocken, 500 Gramm Nudeln, 200 Gramm Reis und zwei Dosen Thunfisch auszukommen. Natürlich gab es für die Abwechslung auch Tomatensoße und ein paar Gewürze plus Zwiebeln und Knoblauch. Für den Heißhunger hatten wir Kekse und Nüsse dabei. Und dann noch ein paar Zitronen ...

... für die sechs Flaschen Rum. Ich war glücklich mit dem Speiseplan, gab es doch fast jeden Tag Nudeln, Stefan hat sich über seine tägliche Dose Thunfisch gefreut. Gekocht wurde überm Feuer, da unser philippinischer Gaskocher bereits an Tag zwei den Geist aufgegeben hatte. Wir sind gut durchgekommen, am Ende reichte alles, ohne dass wir wirklich sparen mussten. Obwohl es echt gut war, dass wir von Security-Mann Richie noch einmal circa 10 Liter Trinkwasser bekommen haben. Wer fischen kann, ist übrigens schwer im Vorteil. Dann kann der Dosenthunfisch gegen frischen Fisch eingetauscht werden. Da wir keine passionierten Fischer waren und nicht ein einziger Fisch an unseren Haken ging (unsere Angel bestand jedoch auch nur darin, dass wir unsere Schnur immer hinter den Kajaks hergezogen haben), haben wir den Filipinos den von ihnen frisch gefangenen Fisch abgekauft. So hatten wir es schließlich in Diapila bei Edgar gelernt. Wegen der Besuche in den Fischerdörfern hatten wir außerdem ein paar Süßigkeiten für die Kids eingepackt. Denn hat man erst einmal die Kinder um den Finger gewickelt, kommt man leichter an den Fisch ran ...

Was soll ich sagen? So viel wir uns von diesem Teil der Reise auch erhofft hatten: Der Trip übertraf unsere Erwartungen noch. Wir sahen nicht nur, was wir uns gewünscht hatten, sondern konnten ein paar Tage unseren Traum nach Robinson

UNSERE LEICHTMATROSEN-PACKLISTE
SAH WIE FOLGT AUS:

TRANSPORT
Wasserdichte Säcke, je 2 x 20 l, 8 l, 5 l
Blaue Ikea-Tasche
Müllsäcke

SCHLAFEN
Hüttenschlafsack
Isomatte (+ Pumpe)
Zelt + Unterlage
Hängematte

KLEIDUNG
Surfshirt
Bikini
1 Funktions-T-Shirt
2 normale T-Shirts
1 Pulli/Jacke
Trekkinghose/kurze Hose
Schlafhose
3 x Unterwäsche
1 Paar Socken
Surfschuhe
Flipflops

KOCHEN
Kocher
Brennstoff
Topf + Deckel
1 Schüssel
2 Becher
Besteck
2 Feuerzeuge/Anzünder
Messer/Multitool
Schwamm

HYGIENE/ERSTE HILFE
3 Tuben Sonnencreme
Zahnbürste
Zahnpasta
4 Rollen Klopapier
Seife/Shampoo
Bürste
Rasierer
Mückenschutz
Hygienetücher
Erste-Hilfe-Set
Nagelschere, Pinzette
Diverse Tabletten

SONSTIGES
Stirnlampe + Ersatzbatterien
Sonnenbrille
Blaues Badetuch
Handtuch
Notizbuch und Stift (wasserfest)
Landkarte (Seekarte)
GoPro + Ladegerät
(Kompass)
Handy + Ladegerät (GPS)
Kamera + Ladegerät
Kopfhörer
Kindle
Stromadapter
Bargeld, Kreditkarte
Filipino Phrasebook
Schnur für Plane etc.
Angelschnur + Haken
Strohhut
Taucherbrille + Schnorchel
Meine Wundertüte ...

ESSEN & TRINKEN

2 Wasserkanister 20 l

Wasserflaschen: je 2 x 6 l, 4 l, 1 l

3 kg Reis

4 kg Nudeln

20 Dosen Thunfisch

8 Packungen Soßen

10 Zwiebeln

2 Knoblauchzöpfe

15 Zitronen/Limetten

1,5 kg Haferflocken

2 kg Bananen

2 l Milch

300 g Kaffee

300 g Creamer

500 g Zucker

Salz & Pfeffer

6 Packungen Kekse

2 Packungen Bonbons

500 g Nüsse

6 Flaschen Rum

4 Dosen Mangosaft

Crusoe leben. Der Aufwand und der ganze Stress, den wir mit der Planung und Organisation hatten, haben sich wirklich gelohnt.

Nachdem wir uns und unsere Sachen wieder sortiert hatten, waren noch ein paar Tage Zeit, bevor unser Flug von Puerto Princesa zurück nach Cebu ging. Wir verbrachten diese Zeit in Port Barton. Der Ort war wesentlich kleiner und viel entspannter als El Nido. Hier konnten wir die Seele baumeln lassen, denn es gab nur in der Nacht Strom, und somit wurden wir tagsüber nicht abgelenkt von Handy, Laptop etc. Wieder viel Zeit für uns.

SO WAREN DIE PHILIPPINEN

Während unserer Zeit in Asien haben wir selten so gute und ehrliche Menschen getroffen wie auf Palawan. Nirgendwo sonst wurden wir darauf hingewiesen, dass wir gerade das teurere Saftprodukt in der Hand hielten und doch lieber das günstigere nehmen sollten, weil es gleich gut war. Nirgendwo sonst wurden wir von einem öffentlichen Bus direkt von unserer Strandhütte abgeholt, um rechtzeitig zum Flughafen zu kommen. Nirgendwo sonst haben wir so einfach so guten Fisch gegessen. Und nirgendwo sonst haben wir so guten Rum getrunken! Deshalb hatten wir uns in Palawan und in die Menschen, die dort lebten, verliebt. Wir hofften, dass es so weitergehen würde.

Unser letzter Monat in Südostasien war angebrochen. Zunächst sollte es noch einmal zurück nach Bali gehen. Wir wollten weiter an unseren Surfskills arbeiten, bevor wir den Kontinent wechselten.

Indonesien

22. FEBRUAR

Wir waren zurück auf Bali. Als wir Indonesien im letzten Oktober verlassen hatten, wussten wir, dass wir irgendwann zurückkommen würden. Aber dass es so bald sein sollte, hätten wir selbst nicht gedacht. Okay, eigentlich doch, denn das mit dem Surfen hatte uns einfach nicht losgelassen. Die günstigen Flugverbindungen haben dann ihr Übriges getan.

So hatten wir also noch einmal knapp vier Wochen Zeit zum Surfen. Diesmal aber ohne Surfcamp. Wir wollten alles auf eigene Faust versuchen. Mit eigenem Moped und eigenem Surfboard! Vom Flughafen ging es daher direkt nach Legian. Dort sollten wir alles organisiert bekommen. Und tatsächlich war innerhalb von zwei Tagen alles bereit für unseren ersten Surf-Roadtrip. Zwei Mopeds mieteten wir uns für umgerechnet knapp 2,50 Euro pro Tag über ein kleines Büro in der Haupteinkaufsstraße. Die Surfboards haben wir gekauft. Da für die Weiterreise Australien und Neuseeland auf dem Plan standen, dachten wir, es wäre doch cool, wenn wir die Surfboards dorthin mitnehmen würden. So könnten wir auch dort surfen gehen, Meer gibt es schließlich genug. Und als wir in einer ruhigen Minute die Surfboard-Mietpreise in Neuseeland anschauten, hatte sich relativ schnell herausgestellt, dass fünf Tage Mieten genauso teuer war, wie wenn wir ein neues Surfboard auf Bali kauften. Verkaufen kann man die Dinger ja immer wieder. Also waren wir bereit für neue Abenteuer. Ohne ständiges Feilschen um den Fahrpreis und ohne Kamikaze-Busfahrer und Todesangst. Ich hatte zwar anfangs noch ein wenig Angst vor dem chaotischen Verkehr auf der Straße, aber nach ein paar Tagen war ich schon viel entspannter geworden. Man gewöhnt sich schließlich an alles.

Außerdem hatten wir uns ziemlich cool gefühlt, als wir mit dem Moped und unserem Surfboard an der Seite aufgebrochen sind. Fast so cool wie beim Skifahren. Nur dass wir mit dem Surfboard auf der Welle vergleichsweise immer noch auf der blauen Piste unterwegs waren. Anfängerlos! Aber egal, es fühlte sich einfach nur gut an, so frei unterwegs zu sein.

HANG LOOSE BALI STYLE

Unser erster Stopp war Balian Beach an der Westküste von Bali. Hier gab es einige Hotels und kleinere Privatunterkünfte sowie ein paar Restaurants. Der Surfspot war lange nicht so voll wie Kuta oder Legian Beach. Überhaupt war alles sehr entspannt hier. Wir hatten das Gefühl, jeder lebte so in den Tag hinein, es gab keinen Stress, und alle waren happy. Essen, schlafen, surfen. Daraus bestanden momentan auch unsere Tage. Am liebsten wären wir gleich für ein paar Wochen hier geblieben. Aber wir hatten die Mopeds und wollten natürlich mehr sehen als nur einen Strand. Stefan genoss die Unabhängigkeit, überallhin fahren zu können. Mittags holte er für uns Essen aus dem Warung. Warungs sind kleine Imbisse, bei denen man die fertigen Speisen auswählt und sich so sein individuelles Essen zusammenstellen kann. Am Abend aßen wir meist auf dem Markt. Dort gab es für uns oft Nasi Goreng (gebratener Reis) oder Sate Ayam (Hühnchenspieße in Erdnusssoße).

ZWISCHEN BALI UND JAVA
11. MÄRZ

Nach ein paar Tagen wollten wir weiter. Nicht weil es uns in Balian nicht gefiel, aber wir hatten die Idee, noch einmal nach Pulau Merah auf Java zu fahren. Fast einen ganzen Tag brauchten wir mit den kleinen Mopeds für diese Strecke. Mit einigen Pausen und der Überfahrt mit der Fähre kamen uns die 163 Kilometer unendlich lang vor. Auf der Strecke sind wir dabei so oft von der Polizei kontrolliert worden, dass sich der kurz vor der Abreise in Deutschland noch beantragte internationale Führerschein allein bei dieser Strecke ausgezahlt hat. Denn wir überstanden alle Polizeikontrollen ohne Strafen oder die üblichen Bestechungsgelder. Das grenzte quasi an ein Wunder, denn insbesondere die Polizei auf Bali war dafür bekannt, dass sie immer etwas fand, wofür sie ein Bußgeld verhängen konnte.

Als wir endlich in Pulau Merah ankamen, waren wir überwältigt, mit welcher Freude wir von Pipin und Yan empfangen wurden. Dabei hatten wir uns nicht einmal angekündigt. Pipin hatte mich aber schon erkannt, bevor ich überhaupt meinen Helm ausgezogen hatte. Das Haus war eigentlich mit anderen Gästen belegt, aber sie ließ es sich nicht nehmen, alles so umzuorganisieren, dass wir wieder dort schlafen konnten. Es war ein sehr schönes Gefühl, so herzlich empfangen zu werden. Und das alles, obwohl wir so gut wie kein Indonesisch und Pipin und Yan so gut wie kein Englisch sprachen. Irgendwie klappte es aber prächtig mit der Verständigung. Inzwischen war auch das Baby zur Welt gekommen, und so hatten wir neben unseren Reiseerlebnissen ausreichend Gesprächsstoff im Englisch-Indonesisch-Kauderwelsch.

Unser Aufenthalt in Pulau Merah war dieses Mal aber nicht ganz störungsfrei. Stefan wollte beim Surfen ganz cool sein und nach einer Welle lässig von seinem Surfboard springen. Dabei rutschte er mit dem Fuß ab und knickte ziemlich blöd den Zeh um, sodass dieser innerhalb kürzester Zeit grün und blau war und das Laufen ein echtes Problem wurde. Das war weder cool noch lässig. Somit stand unser nächster Weg nach einer längeren Google-Suche fest: zum Krankenhaus von Banyuwangi. Knapp zwei Stunden mit dem Moped entfernt. Stefan war überrascht von der guten medizinischen Versorgung. Banyuwangi war schließlich keine Touristen-Hochburg oder wirtschaftlich boomender Standort. Banyuwangi war einfach nur eine kleine Stadt auf Java. Aber der Arzt sprach fließend Englisch, und das Krankenhaus war recht gut ausgestattet. Und noch überraschter war Stefan über die Krankenhauskosten. Röntgen mit Arztkonsultation und anschließendem Verband kosteten umgerechnet ganze 6,89 Euro. Da würde sich das Einreichen für die Rückerstattung bei der Auslandskrankenversicherung nicht so wirklich lohnen.

Der zweite Zeh des rechten Fußes war gebrochen. Das bedeutete zwei Wochen Zwangspause für Stefan. Und absolutes Surfverbot hatte der Arzt angeordnet. Ziemlich blöd, wenn man eigentlich nur zum Surfen in Indonesien ist. So schnell war unser Roadtrip also wieder vorbei. Stefan konnte zwar Moped fahren, alles andere wurde eher mühsam. Deshalb machten wir uns nach dem Krankenhaus auf den Rückweg nach Balian. Dort mieteten wir einen kleinen Bungalow mit Meerblick, aber ohne direkte Sicht auf den Surfspot. Stefan konnte sich in seiner Hängematte erholen und nutzte die Zeit, um seine Bilder zu bearbeiten und sich seiner neuen Lieblingsbeschäftigung zu widmen: der Flugpreisrecherche. Ich war weiterhin jeden Tag surfen, habe mir aber meine Euphorie über die guten Surfbedingungen so wenig wie möglich anmerken lassen. Nicht dass der Heilungsprozess von Stefans Zeh noch in irgendeiner Form beeinflusst werden würde … Frustriert über das Nichtstun war er aber trotzdem jeden Tag aufs Neue.

Stefan Flugpreisrecherche sollte aber nicht umsonst gewesen sein. Wir legten uns die weitere Reiseroute zurecht: Wir wollten nicht nach Südamerika fliegen. Jedenfalls nicht auf dieser Reise. Wir wollten vielmehr die Route nehmen, die wir uns wirklich gewünscht hatten: Stefans Traum von der Südsee und mein Traum von Alaska sollten verwirklicht werden. Beides würde nicht gerade günstig werden. Es war schließlich nicht Asien. Deshalb mussten wir etwas streichen, von dem wir glaubten, dass es uns hier am leichtesten fiele. Und das war eben ganz Südamerika. Wir konnten beide mit der Entscheidung gut leben. Stefans Traum von der Südsee sollte auf den Cook Islands verwirklicht werden. Dafür fand er einen günstigen Flug von Neuseeland nach Rarotonga/Cook Islands, und als er die Flugroute weiterplante, stellte er fest, dass die Verbindung nach Nordamerika viel günstiger war, wenn er alles zusammen als einen Flug buchte. Mit drei Wochen Zwischenstopp auf den Cook Islands natürlich. Somit stand fest: Wir reizen das Visum in Neuseeland maximal aus und fliegen danach über die Cook Islands nach Kanada. Von dort war es nach Alaska gar nicht mehr so weit. Aber bis dahin konnte auch noch viel passieren.

Stefan Fuß ging es nach fast zwei Wochen Pause wieder gut. Am Ende waren wir insgesamt drei Wochen in Balian gewesen. Zwei Tage vor dem Abflug nach Australien waren wir zurück nach Legian und Kuta gefahren.

CHEAP, CHEAP, MY FRIEND!

Kuta Beach und Legian Beach waren für uns ein Phänomen. Man könnte unser Verhältnis zu den Orten durchaus als ambivalent bezeichnen. Legian und Kuta liegen direkt nebeneinander und gehen nahtlos ineinander über. Als wir das erste Mal dort waren, haben wir es einfach nur gehasst. Betrunkene Urlauber gekoppelt mit aggressiven Straßenverkäufern, die uns von Uhren, Sonnenbrillen und T-Shirts über Massage und Transport (wohin auch immer) bis hin zu den magischen Pilzen alles anboten. Alles »*cheap, cheap, my friend*«. Wenn wir morgens auf die Straße gingen, roch es nicht nur nach Urlaub, sondern auch schon mal nach Erbrochenem. Tagsüber wussten wir oft nicht, wohin wir schauen sollten, weil uns viel zu große Hinterteile in viel zu knappen Bikinis vor der Nase rumwackelten und nackte Bierbäuche mit Sonnenbrandmuster absolut im Trend lagen. Und abends, da torkelten die Urlauber von einer Bar in die nächste. Auf der anderen Seite haben wir es geliebt: Wir konnten hier super shoppen, die Wellen waren super zum Surfen, und die Qualität der Unterkünfte war aufgrund der großen Konkurrenz für den Preis echt gut.

Als wir zum zweiten Mal in Kuta waren, war die Situation vor Ort zwar ähnlich, aber wir waren darauf vorbereitet und konnten die negativen Phänomene irgendwie ganz gut ausblenden. Warum wir wieder hier übernachteten und nicht einfach woanders hin sind? Keine Ahnung! Der Ort hatte eine mysteriöse Anziehungskraft, derer wir uns nicht erwehren konnten. War ja nicht so, als hätten wir nicht unzählige andere Möglichkeiten gehabt, auf Bali unterzukommen. Hotels, Ferienwohnungen und Villen gab es mehr als genug. Und dann gab es ja auch noch den Sonnenuntergang am Kuta Beach. Die Menschen pilgerten jeden Abend zu Tausenden zum Strand wie andere zu einem Rockkonzert. Jeder Zweite hatte ein Bintang-Bier in der Hand. Die anderen ein Handy mit Selfie-Stick für das Sonnenuntergangsfoto. Da waren wir natürlich auch mit dabei. Zum Glück hielten unser Konsumdrang und das Interesse an Menschenmassen immer nur für maximal zwei Tage an. Länger hätten wir auch nicht in Kuta und Legian bleiben können, denn dann beginnen wir, es wieder zu hassen.

WECHSEL DER KONTINENTE

Fast acht Monate waren wir nun in Asien unterwegs gewesen. Jetzt war Schluss, jetzt wechselten wir den Kontinent. Ein letztes Mal ging es mit dem Flieger nach Kuala Lumpur. Das war das Drehkreuz von Air Asia, der Airline, mit der wir seit Monaten hin und her geflogen waren. Unsere bisherige Reise glich mehr einer Zickzackreise als einer Rundreise. Nach Kuala Lumpur waren wir von Peking, Bali, Phnom Penh und Cebu gekommen. Von Kuala Lumpur sind wir nach Bali, Kathmandu und Cebu geflogen. Und nun ging es von Kuala Lumpur nach Australien, genauer gesagt nach Sydney. Die Mopeds blieben auf Bali. Unsere Surfboards nahmen wir mit. Der Aufpreis für das Sportgepäck war durchaus vertretbar. Und was gibt es bitte Cooleres, als zusammen mit seinem eigenen Surfboard nach Australien und Neuseeland zu fliegen? Eben. Nichts!

Australien

STOPOVER SYDNEY
18. MÄRZ

Sydney hatte eigentlich nie wirklich auf unserem Reiseplan gestanden. Vielleicht hatten wir auch deshalb vergessen, uns vorab genau über die Einreisebestimmungen zu informieren. Erst als die gute Dame am Check-in-Schalter nach unserem Visum für Australien fragte, wurde uns bewusst, dass wir irgendetwas vergessen haben könnten. Auch wenn Stefan der Lady erst einmal voller Überzeugung erklärte, dass wir einen deutschen Pass hätten und kein Visum bräuchten – sie schien es besser zu wissen und überzeugte uns schnell: Wir brauchten eines. Das erzeugte einen kurzen Adrenalinanstieg im Körper. Aber was für ein Glück, dass man das sogenannte e-Visum auch online beantragen konnte! Das haben wir dann auch gemacht. Stefan erhielt innerhalb von fünf Minuten die E-Mail-Bestätigung, ich wartete allerdings vergeblich. Erst auf telefonische Nachfrage in Australien durch die nette Check-in-Dame wurde auch mein Antrag bewilligt, und wir bekamen unsere Tickets nach Australien.

Australien war auch mehr ein Stopover. Wir hatten nur sechs Tage für Sydney eingeplant. Dass dies zu wenig sein würde, war von vornherein klar, aber man hat fast immer zu wenig Zeit, egal wie viel Zeit man sich lässt.

Sydney war wunderbar. Wunderbar europäisch. Nur irgendwie nicht so stressig. Oder lag das an uns? Vielleicht waren auch wir einfach nicht mehr so gestresst. Sydney bot uns den nordischen Entspanntheitscharakter von Stockholm und die Hafenatmosphäre von Hamburg. Den ganzen Tag über trafen wir auf Jogger. Das hob meine sportliche Inspiration, und ich holte gleich meine Laufschuhe raus.

Stefan verliebte sich in Sydney. Und zwar nicht in die Stadt, sondern in die Oper. Er fotografierte das Opernhaus nicht nur bei Sonnenuntergang, sondern auch bei Sonnenaufgang, und beides nicht nur einmal, sondern dreimal. Dabei hatten wir auch noch unglaubliches Glück: Das Wetter war die ganze letzte Woche gut, und das Kreuzfahrtschiff Queen Mary 2 lag für einen Tag und eine Nacht im Hafen. Für Stefan eine perfekte Kulisse.

Mit Asien durfte man das Preisniveau in Australien natürlich nicht vergleichen. Aber wir taten es trotzdem. Eine Woche zuvor hatten wir für umgerechnet 6,50 Euro pro Tag und pro Person in einem Beachfront-Bungalow genächtigt – inklusive Frühstück natürlich. In Sydney gab es für 18 Euro gerade mal ein Bett im Mehrpersonenzimmer mit 16 Schlafstellen. Immerhin lag das Hostel in der Innenstadt. Ansonsten mussten wir schauen, dass Sydney unserem niedrig gesetzten Tagesbudget standhielt. Wir verzichteten deshalb aufs Essengehen und schwangen nach langer Zeit selbst mal wieder den Kochlöffel. Außerdem nutzten wir den Gratis-Shuttlebus-Anschluss, der uns durch den CBD (Central Business District) fuhr. Sydney war aber nicht nur teuer, Sydney gab's auch *for free*. Der Zugang zu den Stränden, Parks und einigen Museen war kostenlos. Es fuhr der Gratis-Shuttlebus durch die Innenstadt, und sogar Stadtführungen wurden *for free* angeboten. Nur der Sonnenuntergang war nicht kostenlos, sondern unbezahlbar.

VON ITALIEN BIS NACH HOLLAND

An die klassischen Backpacker-Hostels mussten wir uns erst einmal wieder gewöhnen. Wir merkten, dass wir keine 20 mehr waren. Das klingt hart, ist aber leider Realität. 16 Personen in einem Raum sollten dann aber doch eher die Ausnahme bleiben. Obwohl es auch lustig war. In drei verschiedenen Hostels haben wir in Sydney geschlafen. Im ersten Hostel waren die Italiener die stärkste Nation. Sie bekochten sich in der kleinen Küche gegenseitig mit Pasta, und für das beste Pasta-Rezept wurde spät abends noch die Mama in bella Italia angerufen – ohne Mama geht's eben doch nicht im Leben. Im zweiten Hostel waren Holländer wild entschlossen, Australien zu erobern. Bei dem ganzen niederländischen Gequassel hatten wir nicht einmal mehr ansatzweise das Gefühl, in Australien zu sein. Und im dritten Hostel waren die Nationalitäten der Gäste zwar bunt gemischt, dafür hatte man das Gefühl auf einer Kombüsenparty eines Frachtschiffes gelandet zu sein. Unsere Kajüte lag dabei unmittelbar neben der Kombüse. Aber wir blieben ja nur eine Woche, und meistens waren wir ja auch draußen.

HANG LOOSE AUSTRALIAN STYLE: MANLY BEACH

Coole Surfer und spielende Kinder – junge, hippe und sportliche Familien haben wir am Manly Beach getroffen. Neben dem Bondi Beach gehörte der Manly Beach zu den beliebtesten Surfstränden in und um Sydney. Wir wollten dort unbedingt einmal surfen. Die Wellen waren zwar alles andere als perfekt, und das Wasser war im Vergleich zu Bali arschkalt – aber hey, egal! Wir waren im Wasser.

SO WAR AUSTRALIEN

Die Stadt, die Strände und der Hafen von Sydney haben echt gerockt, und der Stopp in Australien hat sich mehr als gelohnt. Es war vielleicht besser, dass wir nicht wussten, was wir alles hier verpassten. Dafür war es umso schöner für uns, dass wir so viel Neues und Interessantes bei diesem kurzen Aufenthalt gesehen und erlebt haben.

Der Flieger nach Neuseeland wartete bald. Wir flogen nun in das Land, das wir eigentlich schon vor neun Jahren zusammen bereisen wollten. Damals hatten wir uns gerade kennengelernt. Ich hatte meinen Neuseelandaufenthalt bereits gebucht, Stefan wollte mich dort eigentlich besuchen kommen, aber das hatte dann doch nicht geklappt. Nun aber war es soweit. Unser Plan für die nächsten Wochen sah vor, mit dem Auto durch das Land zu reisen und möglichst viel zu surfen. Weil auch in Neuseeland die Unterkünfte verhältnismäßig teuer waren, wollten wir so oft es ging in unserem Zelt schlafen. Doch der Sommer in Neuseeland ging gerade zu Ende, und so mussten wir uns danach richten, wie lange Wetter und Temperaturen angenehm bleiben würden.

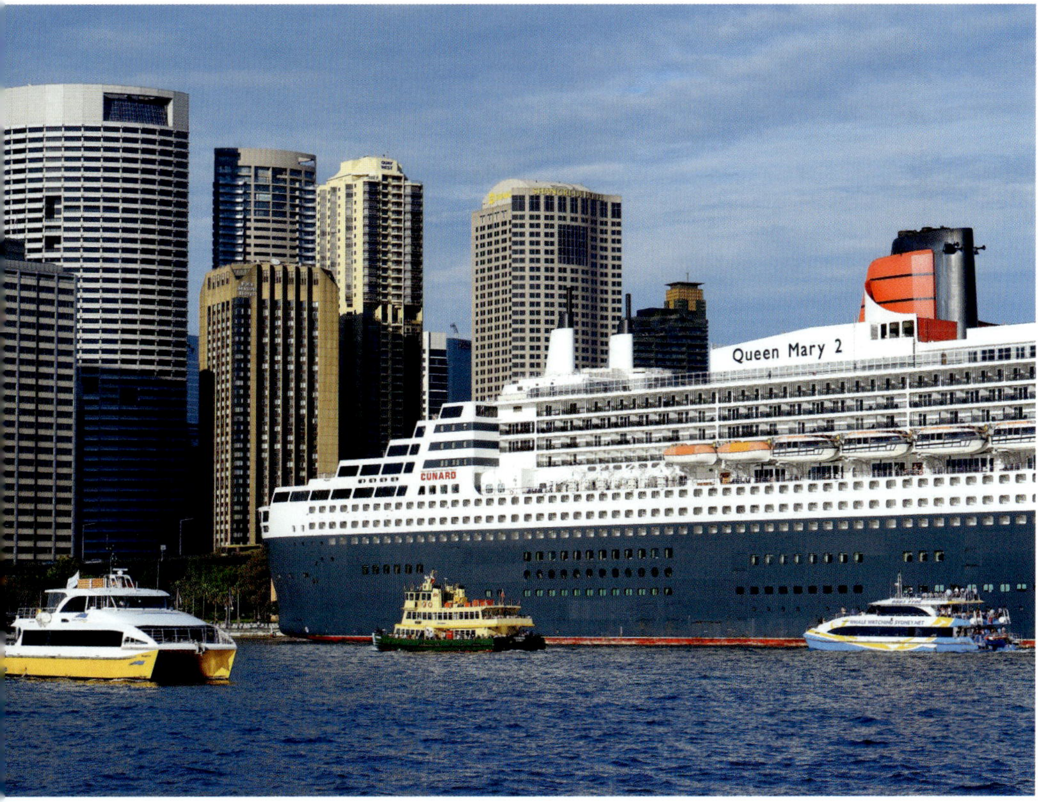
Queen Mary 2
CUNARD

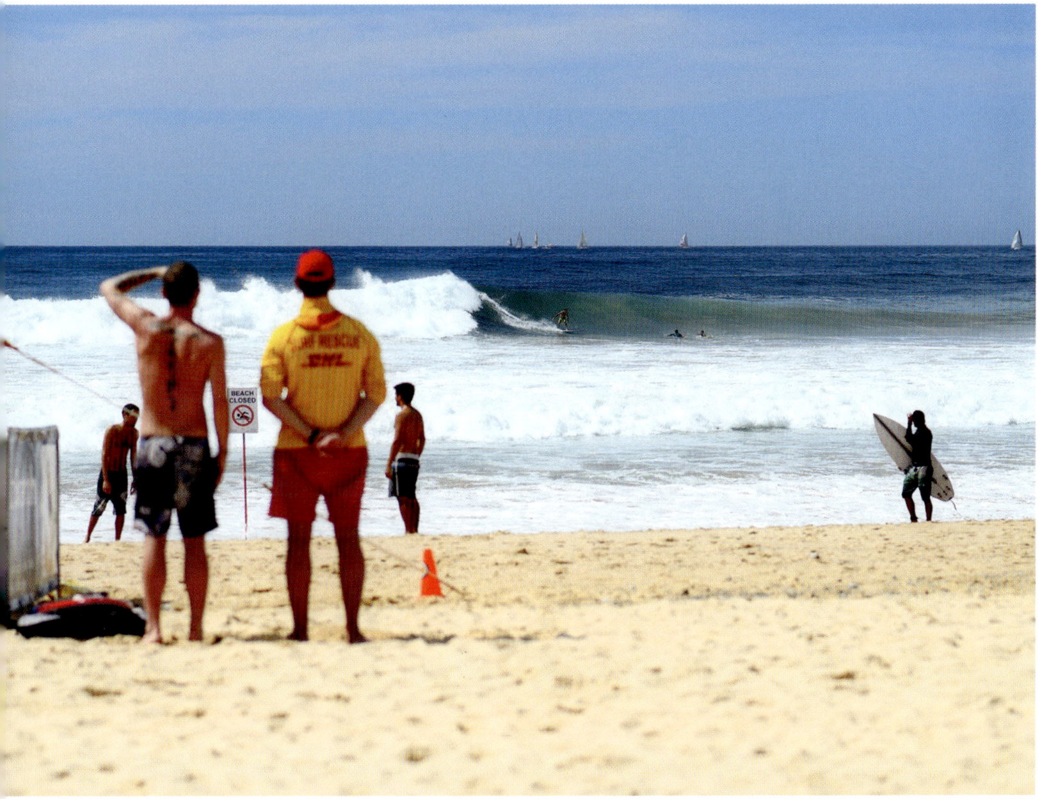
BEACH CLOSED
DHL

Neuseeland

SOMMER IM HERBST IM KIWILAND
30. MÄRZ

Herbst? Regen? Kälte? Von all dem fehlte zunächst jede Spur. Wir dachten ja, wir sollten unsere Flipflops und kurzen Hosen nach ganz unten in den Rucksack packen oder am besten gleich nach Hause schicken, aber weit gefehlt. Nach unserer Ankunft in Neuseeland schien fast ununterbrochen die Sonne und sorgte für sommerliche Temperaturen. »*A very warm welcome*« hieß es hier im wahrsten Sinne des Wortes! Einzig das Meerwasser war in Neuseeland deutlich kälter als in Australien. Wir waren in Auckland gelandet und wollten von hier aus unsere Rundreise starten.

SLICK – UNSERE NEUE REISEBEGLEITUNG

Als Erstes kauften wir uns ein Auto. Das war in Neuseeland nichts Ungewöhnliches. Man konnte unglaublich viel Geld sparen, wenn alles gut lief, aber es konnte auch echt Geld kosten, wenn es schlecht lief. Alles hing vom Auto ab. Eigentlich lief alles ziemlich simpel. Autos gab es in jeder Preisklasse und in jedem Zustand, online oder am Aushang im Hostel angeboten – vor allem im Herbst, wenn alle, die über die Sommermonate gereist sind, zum Schluss der Reise ihr Auto verkaufen wollen. Man brauchte also ein bestimmtes Budget (in unserem Fall 1.500 Euro) und eine ungefähre Vorstellung, was für ein Auto man haben wollte (wir wollten einen Kombi, in den die Surfbretter reinpassen, zum Schlafen hatten wir ja unser Zelt). Wir fanden relativ schnell ein paar Autos im Internet und vereinbarten telefonisch Besichtigungstermine. »Slick«, ein Mitsubishi Legnum, wurde keine 24 Stunden nach unserer Landung in Auckland unser neuer Reisebegleiter. Gutes 96er-Baujahr, Allrad, Automatik, 2,5 l V6, großes Schiebedach und 217.000 Kilometer Erfahrung im Fahren. Wir haben das Auto einem Neuseeländer abgekauft. Nach einer kurzen Probefahrt entschieden wir ganz spontan aus dem Bauch heraus: Das ist unser neuer Wagen. Es war zwar keine einfache Preisverhandlung, aber die Kaufabwicklung und Anmeldung gingen dafür schnell und unkompliziert. Einen Kaufvertrag haben wir gar nicht erst gemacht, und die Umschreibung des Wagens kann man in jeder Postfiliale für neun NZ-Dollar erledigen. Den Namen Slick übernahmen wir auch vom Vorbesitzer, die Kinder hatten das Auto so getauft. Das alles ging auch deshalb so schnell und einfach, weil wir uns für die ersten drei Tage in Neuseeland ein kleines Auto gemietet hatten. Ohne das gemietete Auto hätte sich die Suche nach dem Kauf-Auto deutlich länger hingezogen.

ROADTRIP MIT SURFBOARD

Mit Slick ging es von Auckland relativ direkt an die Westküste der Nordinsel nach Raglan. Raglan war ein hippes und gleichzeitig entspanntes Städtchen, ein perfekter Ort zum Surfen und ein guter Platz, um Stefans Geburtstag zu feiern. Weil das Wasser jetzt immer kälter wurde, kauften wir uns aber noch einen Neoprenanzug, denn bei knapp 18 °C Wassertemperatur gingen wir nicht mehr ohne so ein Teil ins Wasser. In der bei Surfern legendären Manu Bay bei Raglan waren in der letzten Woche die Wellen nicht sehr groß, sodass die Profis zu Hause blieben und wir als »Profi-Anfänger« ins Wasser konnten. Geschlafen haben wir auf einem fußballfeldgroßen Campingplatz. Hier merkte man bereits, dass die Hauptsaison vorbei war, denn auf dem riesigen Platz waren nicht mehr als fünf Camper. Leider gab es nur kalte Duschen. Da war die Dusche nach zwei Stunden Surfen im kalten Wasser trotz Neopren nicht gerade die Erfüllung unserer Träume. Na ja, nur die Harten kommen in den Garten ... oder nach Neuseeland.

Natürlich waren wir nicht nur zum Surfen da. Nach einer Woche in Raglan wollten wir uns mit Slick Richtung Ostküste aufmachen. Aber dann wurde ich am letzten Tag von einem anderen Surfer im Wasser erwischt. Er streifte mit den Finnen seines Bretts meinen Fuß. Genau im Bereich der Achillessehne. Das tat nicht nur höllisch weh, ich hatte mich auch sehr erschrocken und war leicht panisch im Wasser geworden. An Land stellten wir zum Glück fest, dass ich meinen Fuß noch bewegen konnte, trotz zunehmender Schmerzen und Schwellung. Wir ließen es aber doch vom Arzt vor Ort abklären. Der verschrieb mir dankenswerterweise nur ein paar Tage Ruhe und Schmerztabletten. Ruhe hatte ich auch auf dem Beifahrersitz von Slick, und so konnten wir Richtung Ostküste starten.

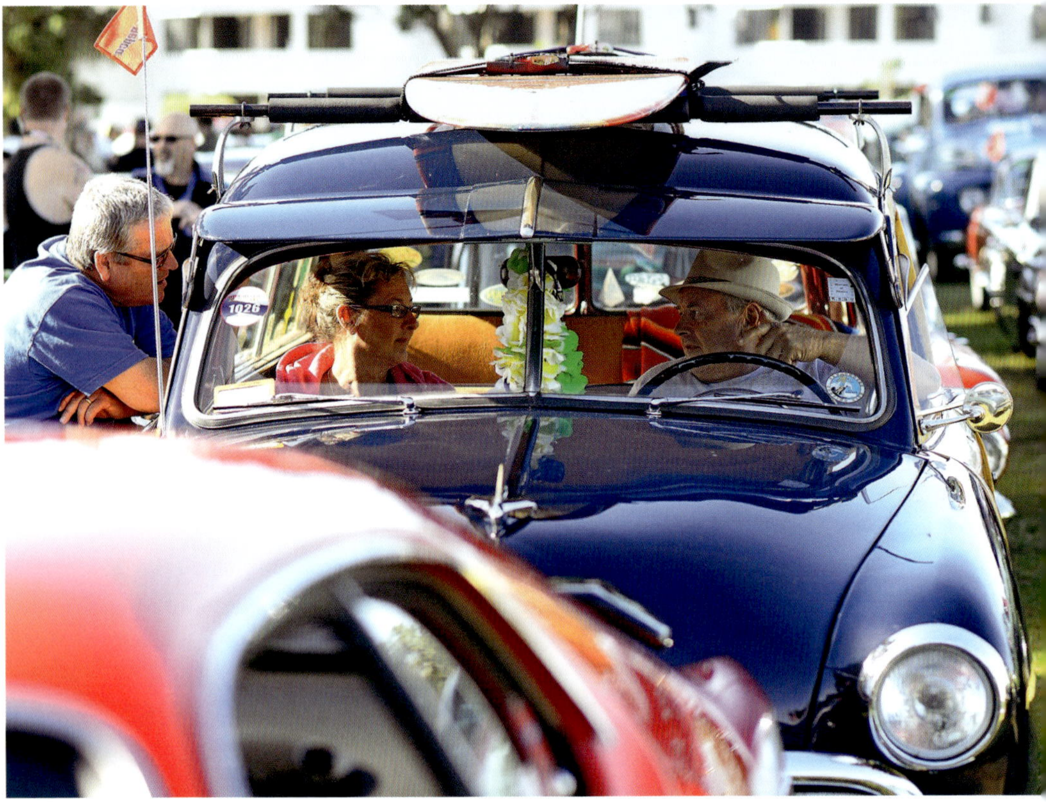
1026

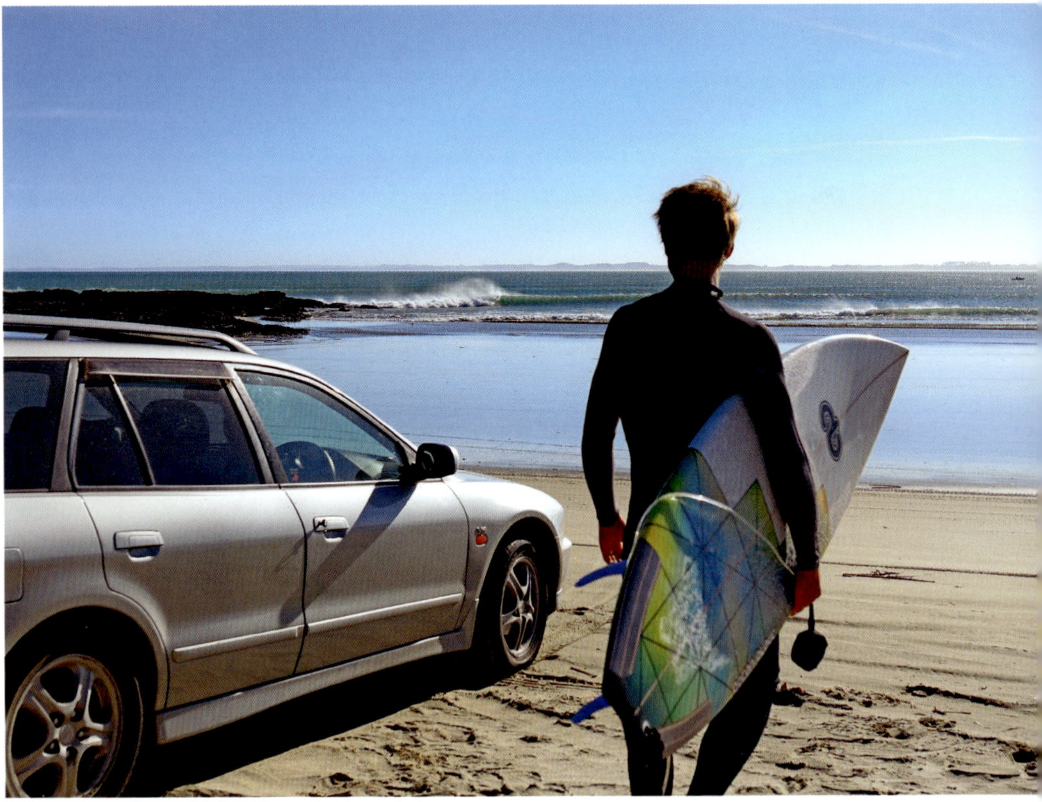

Ständige Begleiterin auf dem Weg war unsere App, die auch offline günstige oder gar kostenlose Campingplätze anzeigte. Das ging damit auch ohne größere Kosten, denn mobiles Internet war in Neuseeland verhältnismäßig teuer. Wildcampen war in Neuseeland mehr oder weniger verboten. Bei dem großen Angebot an günstigen Campingplätzen war es auch fast nicht notwendig. Zudem hatten wir auch keine Lust, uns jeden Abend verstecken zu müssen, nur um keine Strafe zu kassieren. Deshalb haben wir lieber 15 Euro in die App investiert.

Von Raglan ging es über Hamilton (und einem Großeinkauf bei der Supermarktkette Pack'n'Save) bis Mount Maunganui. Die Landschaft an der Ostküste bot grüne Wälder, weiße Sandstrände und war trotz einiger rauer Felsen nicht ganz so schroff wie die Westküste, die durch den schwarzen Sand und die Steilküsten viel aufbrausender und wilder wirkte. Passend zur weicheren Landschaft war das Wasser glatt wie ein Babypopo. Damit fiel das Surfen für uns beide aus. Also konzentrierten wir uns auf die touristischen Highlights und bestiegen den Mount Maunganui (ging dank barrierefreien Aufgangs auch mit kaputtem Fuß). Dann fuhren wir weiter die Küste entlang und haben uns den Hintern am Hot Water Beach verbrannt und den Sonnenuntergang an der Cathedral Cove genossen. Ignoriert haben wir die Hobbithügel und die Glühwürmchenhöhlen. Da legt man schon mal 75 NZ-Dollar pro Person für eine geführte Tour hin. Und ohne geführte Tour kommt man da erst gar nicht hin. Alternativ erlebten wir Buddy Holly beim Whangamata Beach Hop und den Night Glow beim Festival Balloons over Waikato. Der Whangamata Beach Hop war anscheinend das Rock'n'Roll und Classic Car Festival in Neuseeland. Alles ziemlich amerikanisch. Die Beach Hopper fuhren mit ihren stylischen Autos von Küstenort zu Küstenort, ließen sich bestaunen, staunten über andere und rockten zu den Klassikern der Beach Boys, Elvis und Buddy Holly ab. Die Stimmung war genial, irgendwo zwischen völlig entspannt und ausgeflippt. Für diejenigen, die sich das Spektakel vom Straßenrand aus anschauten, war es wichtig, Campingstuhl und genug Verpflegung dabei zu haben. Das Festival Balloons over Waikato, das jedes Jahr in Hamilton stattfand, war wirklich sehenswert. Beim Night Glow leuchteten die Heißluftballons im Takt zu Rock und Popmusik. Es war eindeutig ein Spektakel für die ganze Familie. Ob acht Monate oder 80 Jahre alt – für jeden gab es hier einen Platz. Ganz weit vorn war auch hier der eigene Campingstuhl auf der Beliebtheitsskala. Überrascht haben uns die Sicherheitsbestimmungen. Bei einem Event, wo Feuer im Mittelpunkt steht und 80.000 Besucher erwartet wurden, gab es weder Taschenkontrollen noch übermäßige Absperrungen. Da ging es am Flughafen bei der Einreise nach Neuseeland wesentlich strenger zu. Die Teilnahme an diesen coolen Events hatten wir Empfehlungen von einigen Einheimischen zu verdanken, mit denen wir sehr leicht ins Gespräch kamen. So hatten wir unsere geplante Route recht schnell verworfen und steuerten einfach die Ziele an, die uns empfohlen wurden. Wir hätten die geplante Runde ohnehin nicht geschafft, und dann war da ja noch etwas: Wir hatten einen Termin in Auckland. Wir erwarteten nämlich Besuch aus Deutschland.

BESUCH AUS DEUTSCHLAND
14. APRIL

Wie cool ist es eigentlich, dass sich Chrissi und Yvonne für 20.000 Kilometer in den Flieger setzten, um mit uns ein Stück zu reisen? Mit Klein-Martha im Schlepptau kamen sie nach Neuseeland, mieteten sich einen Campervan und fuhren mit uns zwei Wochen quer über die Nordinsel. Klar, sie wollten Urlaub machen, also nur wegen uns waren sie jetzt nicht um die halbe Welt geflogen, aber es war trotzdem besonders. Und so sind wir zwei Wochen lang zu fünft unterwegs gewesen.

ZU FÜNFT REISEN

Beim gemeinsamen Planen waren Stefan und ich inzwischen ein eingespieltes Reiseteam. Jeder von uns beiden wusste, was er dem anderen zumuten konnte und welche Vorstellungen und Erwartungen er von gewissen Dingen hatte. Zu fünft zu reisen bedeutete für uns: andere Bedürfnisse berücksichtigen, mehr Kompromisse eingehen und neue Entscheidungswege finden. Da mussten wir uns erst einmal drauf einstellen. Chrissi und Yvonne kamen nach einem 30-Stunden-Flugmarathon direkt aus dem Alltag. Einen klassischen Alltag hatten wir seit unserer Hochzeit vor fast neun Monaten nicht mehr gehabt. Aber Herausforderungen sind ja dazu da, um sie anzunehmen. Und so machten wir uns zu fünft in zwei Autos auf den Weg. Wir haben immer versucht, alle Bedürfnisse unter einen Hut zu bekommen, sind dabei manchmal gnadenlos gescheitert und haben auf der anderen Seite viel gewonnen. Insgesamt haben wir in den letzten zwei Wochen unglaublich viel gesehen, nur Ruhe und Entspannung gab es nicht. Eigentlich hätte uns das ja absolut entgegenkommen müssen, wenn man daran denkt, wie schnell wir einige Teile Asiens bereist hatten. Aber mittlerweile hatte sich etwas bei uns verändert. Es war nicht mehr so wichtig, so viel wie möglich gesehen oder erlebt zu haben. Wir waren tatsächlich entspannter geworden. Konnten aber dennoch sehr gut verstehen, dass die drei möglichst viel in ihre zwei Wochen packen wollten. Noch vor ein paar Wochen waren wir nicht anders gewesen.

Chrissi und Yvonne haben uns einiges an Gepäck abgenommen. Wir konnten ihnen einen großen Sack mit Andenken, Klamotten und sonstigem Kram, den wir momentan nicht brauchen, nach Deutschland mitgeben. Wir hatten zwar schon mehrfach festgestellt, dass man einige Dinge doch immer wieder braucht und sie dann noch einmal neu anschaffen muss, aber es tat auch einfach gut, immer mal wieder Ballast abzuwerfen. Ich hatte außerdem nun endlich meine Kreditkarte bekommen. Diese hatten Chrissi und Yvonne nämlich aus Deutschland mitgebracht. Nach zwei gescheiterten Versuchen über den Postweg war dies die wohl sinnvollste Lösung gewesen. Und nach fast neun Monaten genoss ich also wieder meine Unabhängigkeit in Form einer Kreditkarte.

KREUZ UND QUER DURCH DEN NORDEN

Unser Auto wurde während der Tour auf Herz und Nieren getestet. Kreuz und quer jagten wir Slick und unsere drei Besucher über die Nordinsel und sahen dabei einige Neuseeland-Klassiker: Von der Bay of Islands ging es bis zum Ninty Mile Beach, wo wir mit Slick über den langen Strand gefahren sind. Weiter führte

uns der Weg zu den großen Kauri-Bäumen und zu den blubbernden Schlamm-löchern und spukenden Geysiren um Roturora. Begleitet wurden wir dabei in der ersten Woche von der Sonne und in der zweiten Woche vom Regen. Immer wieder landeten wir an der Küste und wurden dort von unglaublich schönen Stränden überrascht. Grundstücke standen dort auch einige zum Verkauf. Das wäre doch was? So ein Wohnsitz in Neuseeland? Aber nein, Neuseeland war einfach zu weit weg von zu Hause und der Familie. Stattdessen sprangen wir einfach immer wie-der ins Wasser und gingen surfen. Die eigenen Surfboards von Bali mitzunehmen war eine wunderbare Idee gewesen. Eigentlich wollten wir zusammen noch das berühmte Tongariro Crossing machen, eine Wanderung, die durch Vulkankrater führt. Aber leider spielte das Wetter irgendwann überhaupt nicht mehr mit. So mussten wir den Plan verwerfen und sind noch einmal an die Küste gefahren. Zwischen der Bay of Plenty und der East Coast verbrachten wir die letzten Tage zu fünft gemütlich und mit einigen Flaschen Wein und einem richtig schönem Grillfest. Dann waren wir plötzlich wieder allein.

Es war ein merkwürdiges Gefühl, dass wir jetzt einfach weiterfuhren und die an-deren drei zurück nach Deutschland flogen. Obwohl das Wetter sich momentan nicht von seiner besten Seite zeigte, waren wir irgendwie froh, dass wir noch mehr Zeit hier in Neuseeland hatten. Wir konnten einfach ein paar Tage abwarten. Dann würde sich die Sonne schon wieder zeigen, und wir könnten rauf auf die Berge und Vulkane. Dabei hatten wir nicht das Gefühl, Zeit verloren zu haben, weil wir momentan genug davon hatten.

NOCH EINMAL DIE SEITE WECHSELN ...
2. MAI

Es regnete weitere drei Tage, nachdem Chrissi und Yvonne wieder weg waren. Vieles kam uns auf einmal so leer vor. Der Herbst hielt in Neuseeland Einzug, und in den Feriensiedlungen und auf den Campingplätzen war kaum mehr etwas los. Wir hatten uns zunächst einen kostenlosen Stellplatz auf der Mahia Halbinsel ge-

sucht. In den Wochen, als wir Besuch aus Deutschland hatten, haben wir nicht auf jeden Cent geschaut. Nun wollten wir mal wieder ein paar kostengünstigere Tage einlegen. Die Halbinsel war im Sommer ein beliebtes Wochenendziel der Neuseeländer. Aber momentan sagten sich hier Hund und Katze gute Nacht. Das einzige Café in der Umgebung hatte nur an drei Tagen in der Woche für ein paar Stunden geöffnet. Für uns war das relevant, weil es unsere einzige praktikable Stromquelle war. Die Handys konnten wir zwar im Auto laden, aber für die Kamera und den Laptop brauchten wir einen richtigen Stromanschluss.

Als das Wetter wieder besser wurde, ging es für uns weiter zur Hawke's Bay. Wein, Art Deco und Surfen waren die bestimmenden Themen in den kommenden Tagen. Surfen konnte man in Neuseeland ja gefühlt immer und überall. Und so fanden wir auch in der Hawke's Bay einen Spot, wo wir surfen konnten. Weil wir immer so fleißig im Wasser gepaddelt sind, gab es zur Belohnung jeden Abend ein Glas Wein. Neuseeländischer Wein ist nicht nur sehr bekannt, er schmeckte uns auch vorzüglich. Wir waren zwar mit Auto und Zelt unterwegs und saßen die meiste Zeit im Campingstuhl, aber richtige Weingläser leisteten wir uns bei diesen guten Weinen trotzdem. Der Hauptort in der Hawke's Bay ist Napier. Art Deco ist die Architektur, die in Napier und Umgebung viel zu finden ist, da es in den 30er-Jahren ein günstiger und sicherer Baustil gewesen ist. 1931 war die Stadt Napier bei einem Erdbeben fast vollkommen zerstört worden, vieles wurde dann im Art-Deco-Stil wieder aufgebaut. Für Stefan war dies fototechnisch sehr interessant. Und so sind wir nicht nur einmal durch die Straßen von Napier gezogen, bis es wieder zu regnen begann …

TROPENSTURM 2.0
Beim letzten Unwetter stieß das Zelt an seine Grenzen. Schuld daran war aber definitiv nicht das Zelt. Es war der Boden, der nach über 24 Stunden Dauerregen einfach zu weich wurde für die Zeltheringe. Und es war der Wind, besser gesagt: ein tropischer Sturm, der das Zelt von dem kleinen Hügel, auf dem es aufgestellt war, einfach wegwehte.

Wir waren den ganzen Tag über unterwegs gewesen, weil wir einen Regentag nicht im Zelt verbringen wollten, und seit ewiger Zeit mal wieder im Kino gewesen. Als wir dann spät am Abend zurück auf den Campingplatz kamen, suchten wir unser Zelt. Das arme Ding hatte sich lediglich an einen einzigen Hering klammern können, das war seine und unsere Rettung. Auch wenn der Wiederaufbau relativ schnell ging, war der Boden einfach zu aufgeweicht, und die Heringe wollten nicht halten. Selbst die langen Stöcke, die wir als zusätzliche Sicherung in den Boden steckten, ließen sich nicht richtig verankern. Hinzu kam, dass sowohl unsere Isomatten als auch unsere Schlafsäcke nass geworden waren. Na ja und warm war es auch nicht gerade. Anders als bei dem tropischen Sturm auf den Philippinen konnten wir hier nicht einfach in Badehose und Bikini rumhüpfen. Aber anders als auf den Philippinen hatten wir hier die Möglichkeit, uns alternativ eine andere Unterkunft zu suchen.

Auch deshalb haben wir die Nacht nicht im Zelt verbracht. Der Campingplatz-Chef vom Te Awanga Holiday Park hatte schnell für sich und für uns beschlossen, alle hätten eine ruhigere Nacht, wenn wir in einer *cabin* schlafen würden. Ein kleiner Container mit Bett und Küche. Ohne Aufpreis natürlich. Anderswo zahlte man dafür mehr als 100 NZ-Dollar pro Nacht. Es war eine ruhige Nacht. Dennoch liebten wir unser Zelt. Deshalb haben wir auch gleich am nächsten Tag neue und vor allem längere Heringe gekauft. Statt mit 16 Zentimetern verankerten wir das Zelt ab sofort mit 22 Zentimetern.

WANDERN UND SURFEN AM TARANAKI

Nach so viel Regen konnte es ja nur besser werden. Wir dachten, wir müssten mal wieder die Seite wechseln, und so ging es von der Hawke's Bay einmal quer rüber bis an die Westküste zum Mount Taranaki. Ironischerweise eine der regenreichsten Regionen Neuseelands.

Der Taranaki (2.518 Meter) hat einen perfekt symmetrischen Vulkankegel, fand Stefan. Dieser sollte unbedingt fotografiert werden. Also machten wir uns auf den Weg.

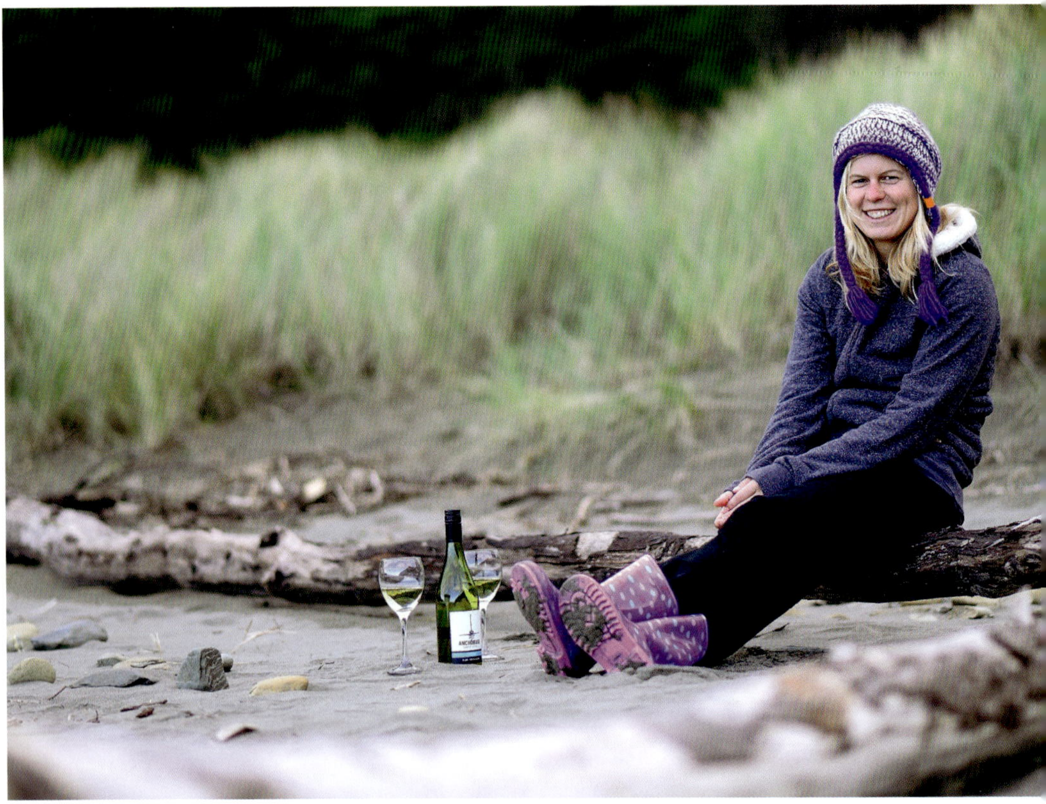

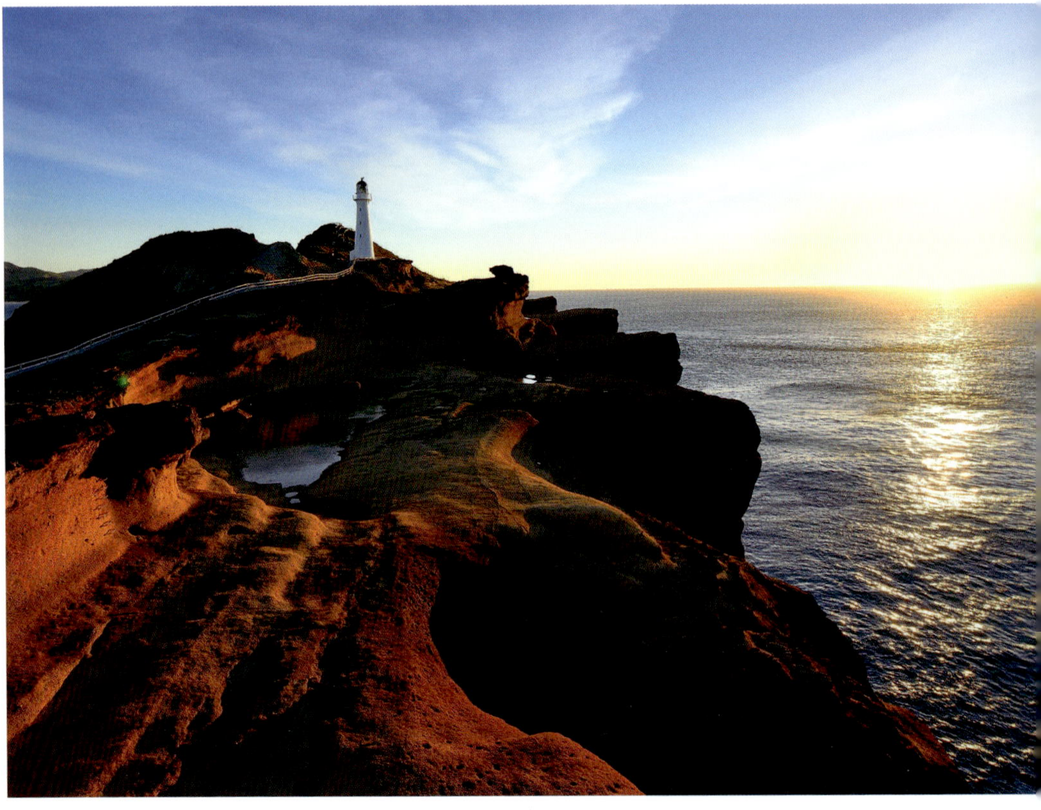

Wir ließen das Auto stehen und wanderten drei Tage um den Taranaki. Dabei hatten wir verdammtes Glück. Stefan hat sein Foto bekommen. Am Taranaki erlebten wir sowohl einen perfekten Sonnenaufgang als auch einen perfekten Sonnenuntergang. Schwer zu sagen, was besser war. Definitiv am besten waren die Menschen, die wir kennenlernen durften. Auf der Berghütte hatte sich eine bunt gemischte Truppe zusammengefunden, und wir verbrachten zusammen einen super schönen Abend.

Es wurde von Tag zu Tag frischer in Neuseeland. Auch im Meer. Unsere Neopren-anzüge reichten bald nicht mehr aus. Nach einer Stunde im Wasser wurde es schon recht unangenehm kühl. Deshalb entschieden wir uns, nicht mehr surfen zu gehen und unsere Surfboards zu verkaufen. Surfbretter waren in Neuseeland ziemlich teuer, und den Verkauf wollten wir noch abwickeln, solange wir auf der Nordinsel unterwegs waren. Wir inserierten die Bretter auf Trade me (das neuseeländische Ebay), und keine 24 Stunden später hatten wir einen Käufer für beide Boards ge-funden. Wir konnten sogar fast den Preis erzielen, den wir auf Bali gezahlt hatten. Alles ging etwas zu schnell. Zweieinhalb Monate waren wir mit den Surfbrettern gereist. Ein letztes Mal waren wir am Taranaki im Wasser gewesen, denn auch hier gab es wie an so vielen Stränden in Neuseeland super Wellen.

Nun wollten wir weiter Richtung Süden. Nach einem letzten Abstecher an die Ost-küste, der uns zum Leuchtturm Castle Point führte, sind wir nach bereits 5.200 Kilo-metern on the road in Slick auf die Fähre Richtung Südinsel gerollt. Auf der Südin-sel würde alles anders werden. Nicht nur weil wir unsere Surfboards nicht mehr hatten, sondern weil es noch kälter werden würde. Ab sofort hieß es: warm anzie-hen und jede Sonnenstunde auskosten.

WEIN UND GUMMISTIEFEL – HERBST IN NEUSEELAND
8. MAI
Es war nun keine zehn Stunden mehr hell am Tag, und der erste Frost hatte Stefans Schlafsack außerhalb der Komfortzone erwischt. In den ersten zwei Wochen auf

EQUATOR
5140 km
SOUTH POLE
4803 km
SLOPE POINT
Lat 46 40min 40sec SOUTH
Long 169 00min 11sec EAST
SOUTHERN MOST POINT OF
THE SOUTH ISLAND OF
NEW ZEALAND.

der Südinsel Neuseelands hatten uns besonders zwei Dinge bei Laune gehalten: Wein und Gummistiefel.

Die Marlborough-Region im Norden der Südinsel Neuseelands stand für Wein, besser gesagt: für Sauvignon Blanc. Preisgekrönte Weißweine sollte es hier geben. Das mussten wir natürlich testen und hatten uns in eine Wein-Tour gebucht. Fünf Weingüter in fünf Stunden. Und wir mussten nicht selbst fahren. Auch wenn unser Weinwissen kaum über das Supermarktregal hinaus reichte, wussten wir zumindest, was uns schmeckt. Und Sauvingnon Blanc schmeckt. Da zahlten wir für die Flasche auch gerne einmal 25 Euro. Das mussten wir eben an anderer Stelle wieder einsparen. Auf der Südinsel gab es für uns Zelter zum Glück weitaus mehr kostenlose Campingmöglichkeiten als auf der Nordinsel. Somit konnte ein Teil unseres Tagesbudgets durchaus in Wein fließen.

Zum Wein passten Gummistiefel zwar nicht wirklich, aber zum herbstlichen Wetter. Morgens und abends war das Gras auf den Campingplätzen ziemlich feucht, sodass wir ständig nasse Füße hatten. Deshalb hatten wir uns Gummistiefel zugelegt. Inzwischen verging kein Tag mehr ohne die Dinger an den Füßen. Wenn wir uns früher gefragt hatten, warum Eltern ihren Kindern immer Gummistiefel anziehen, wussten wir spätestens jetzt: Gummistiefel sind eine Allzweckwaffe. Am Strand kam kein Sand in die Schuhe, beim Wasserholen am Fluss wurden die Füße nicht nass, und in Kombination mit Omas gestrickten Socken ergaben sie einen super Winterstiefelersatz. Die zehn Euro, die wir in die Gummistiefel investiert hatten, zahlten sich auf jeden Fall aus.

Neben Wein und Gummistiefeln trafen wir auf unserem Weg, der uns an der Ostküste der Südinsel entlangführte, einige Robben und Pinguine. Die kleinen Robben machten ihren ersten Ausflug ohne Eltern den Ohau-Fluss hinauf. Dort lernten sie soziales Verhalten und alles, was sie später im großen, weiten Meer einmal brauchen werden. Zuckersüß! Selbst wenn mal eben ein ganzer Bus mit Touristen am Fluss ausgekippt wurde, ließen sich die Robben nicht stören und spielten einfach fröhlich weiter. Über einen Gelbaugenpinguin bin ich in Moeraki fast gestolpert. Dort hat man zum Schutz der Pinguine extra einen Zaun gebaut, damit die Menschen sie nicht stören, und was machen die Pinguine? Sie krabbeln einfach unterm Zaun durch und legen sich zum Chillen ins Gras. Noch entspannter liegen die Pelzrobben mitten in der Landschaft rum – gern genau dort, wo der Weg entlangführt. Deshalb: Für Tierbeobachtungen immer schön auf dem Weg bleiben …

SOUTHERN SCENIC ROUTE – ASIAN STYLE

Irgendwann auf unserem Weg Richtung Süden war uns der Prospekt der Southern-Scenic-Route in die Hände gefallen. Und im Vergleich zu ungefähr 90 Prozent der anderen Prospekte, die wir im Laufe unserer Reise durch Neuseeland gesehen und studiert haben, war dieser nicht mit aufdringlichen Werbeanzeigen übersät und bis zur Unübersichtlichkeit aufgrund von grafischen Kompromisslösungen verhunzt. Sogar inhaltlich machte er was her. Die Informationen waren knapp, aber korrekt, wo es um die praktische Umsetzung ging. Wir waren in unserem Slick die 610 Kilometer der Southern-Scenic-Route von Dunedin bis nach Queenstown gefahren und hatten unsere Highlights abgearbeitet: Leuchttürme, Wasserfälle, versteinerte Wälder, ausgespülte Höhlen und den südlichsten Punkt der Südinsel (wohlgemerkt nicht der südlichste Punkt Neuseelands, aber immerhin der wohl südlichste Punkt unser Weltreise). Zeitweise kamen wir uns vor wie asiatische Touristen. Anhalten, aussteigen, Foto machen und weiter ging's. Das Tempo des Reisebusses, der voller Chinesen besetzt war, konnten wir allerdings nur einen Tag lang mithalten. Dann brauchten wir erst einmal eine Pause. Wie schafften das die Chinesen eine ganze Woche am Stück? Mit der Southern-Scenic-Route nahmen wir Abschied von Neuseelands Küste. Jetzt ging es in die Berge.

VOM ZELT IN DIE HÜTTE

22. Mai

Wir hatten unsere Rucksäcke gepackt und waren mal wieder unter die Wanderer gegangen. Im Zelt wurde es nun nachts ganz schön kalt. Da war eine Berghütte doch
eine durchaus brauchbare Übernachtungsalternative. Am 1. Mai wurde in Neuseeland
offiziell die Wintersaison auf den sogenannten Great Walks eingeläutet. Die Great
Walks sind die großen, berühmten Mehrtageswanderungen in Neuseeland. Darunter
fällt auch der Kepler-Trek, für den wir uns spontan entschieden hatten. Wintersaison
bedeutete auch: Es war keine Voranmeldung bei den Hütten erforderlich. Im Sommer hingegen muss man die Übernachtungen mitunter Monate im Voraus reservie-
ren. Das Hüttenticket musste zwar wie im Sommer vorab gekauft werden, allerdings
konnte man selbst entscheiden, ab wann man starten wollte. Im Winter kostete das
Hüttenticket pro Nacht und pro Person 15 NZ-Dollar. Nur zum Vergleich: Im Sommer kostete dieselbe Übernachtung 54 NZ-Dollar. Der einzige Unterschied: Gas zum
Kochen und Toiletten mit fließendem Wasser wurden in der Saison zur Verfügung
gestellt. Im Winter war das Gas selbst mitzubringen, und es gab nur ein Plumpsklo.
Da konnten wir sehr gut mit umgehen. Verpflegung und Schlafsack war in jedem Fall
selbst mitzubringen. Der Kepler-Trek ist eine 60 Kilometer lange Rundwanderung
mit drei Übernachtungen in drei verschiedenen Hütten. Oberhalb der Baumgrenze
wurden wir auf den verschiedenen Bergkämmen mit wirklich guten Aussichten belohnt. Vom Mount Luxmore konnten wir nicht nur das Fjordland, sondern auch die
Berge der Südalpen bewundern. Die meiste Zeit wanderten wir allerdings durch den
Märchen- oder Weihnachtswald, wie ihn Stefan getauft hatte. Warum Weihnachtswald? »Na, wegen dem ganzen Lametta an den Bäumen.« Am Lake Manapouri lohn-
te sich ein Abstecher zur Shallow Bay Hut. Sie ist wunderschön am See gelegen und
mit offenem Kamin ausgestattet. Das war viel entspannter als in den großen Hütten,
die direkt am Weg lagen. Trotz der Wintersaison waren die Hütten während unserer
Wanderung sehr gut besucht. Fjordland ist die regenreichste Region Neuseelands,
und drei aufeinanderfolgende regenfreie Tage in der Wettervorhersage waren eher
selten. Und so hatten sich viele Leute spontan auf den Weg gemacht.

Nach drei Nächten in der Hütte waren die folgenden drei Nächte im Zelt wieder gut auszuhalten. Zumal es in Te Anau einen großen Aufenthaltsraum beim Campingplatz gab. Das war sehr praktisch, da wir so nicht im Zelt oder Auto sitzen mussten. Außerdem gab es noch einiges zu regeln. Unsere Zeit in Neuseeland neigte sich dem Ende zu. Wir mussten uns Gedanken darüber machen, wie und wo wir unseren Slick am besten verkaufen könnten. Queenstown eignete sich dafür momentan wohl am besten. Denn hier war auch im Winter viel los. Bevor wir aber nach Queenstown fuhren, stellten wir das Auto erst einmal online zum Verkauf. Vielleicht klappte das ja so gut wie mit den Surfboards.

Nach Neuseeland sollte es für uns auf die Cook Islands gehen. Bisher hatten wir einen Flug nach Rarotonga, die Hauptinsel der Cook Island gebucht. Stefans erklärtes Ziel war jedoch Aitutaki. Das lag weiter im Norden. Seit Wochen diskutierten wir, ob wir uns den Flug dorthin und die Unterkunft auf der Insel leisten wollten. Es war nämlich so, dass es nur wenige Unterkünfte auf Aitutaki gab und diese doch recht teuer waren. Unter umgerechnet 80 Euro pro Nacht war kaum etwas zu finden. Ich habe dann, nachdem wir vom Kepler-Trek zurück waren, einfach Nägel mit Köpfen gemacht und den Flug für 234 Euro pro Person und eine Unterkunft für 82 Euro pro Nacht und Zimmer gebucht. Es war Stefans Trauminsel, und deshalb sollte er sie auch erleben dürfen, wenn wir schon einmal so dicht dran waren. Und ich buchte nicht nur drei oder vier Tage, sondern eine ganze Woche. Stefan war da natürlich echt überrascht, zumal er ja eigentlich derjenige von uns war, der die Flüge buchte. Ich machte eigentlich nur die Unterkünfte. Aber nun stand seinem Traum von Aitutaki nichts mehr im Weg.

QUEENSTOWN

Von Te Anau im Fjordland ging es bald weiter Richtung Queenstown. Einen Käufer für Slick hatten wir zwar so schnell nicht gefunden, aber wir waren immer noch zuversichtlich. Queenstown ist das Outdoor- und Action-Eldorado Neuseelands. Alles, was den Adrenalinspiegel ansteigen lässt, gab es in Queenstown käuflich zu

erwerben. Bungee Jumping, Rafting, Speedboot fahren, Fallschirm springen – und das war nur eine kleine Auswahl der Attraktionen. Die Adventure-Anbieter waren durchaus kreativ bei der Erfindung neuer actionreicher Angebote und Kombi-pakete. Queenstown versorgte seine Gäste mit dem Rundum-sorglos-Paket gegen Langeweile, wenn man das entsprechende Kleingeld zur Hand hatte.

Vor neun Jahren war ich schon einmal für drei Monate in Queenstown gewesen. Damals hatte ich als Au-pair bei einer Familie gelebt. Wieder hier zu sein war schon irgendwie ein merkwürdiges Gefühl. Leider lebte die Gastfamilie nicht mehr in Queenstown, sonst hätten wir sie sicherlich besucht. Queenstown platz-te gefühlt aus allen Nähten. Wo vor neun Jahren noch Farmland gewesen war, standen heute ganze Häusersiedlungen. Hotels sprossen wie Pilze aus dem Bo-den, und Agenturen, wo man den ultimativen Adrenalinkickt buchen konnte, gab es wie Sand am Meer. Für uns gab es aber in Queenstown kein Bungee-Jumping oder Fallschirmspringen. Das Geld hatten wir bereits in den Flug nach Aitutaki investiert. Wir betrachteten das Treiben also aus der Distanz und speicherten die Informationen über die perfekt durchorganisierte Outdoor-action-Maschinerie in unserem Tourismuswissensrepertoire. Außerdem fuhren wir in die Skigebiete und schauten uns alles an. Es lag zwar noch kein Schnee, aber eine Vorstellung, wie es im Winter hier zugeht, bekamen wir durchaus.

GOODBYE SLICK

Nach zwei Monaten mit unserem Slick war es jetzt Zeit »Goodbye« zu sagen. Un-ser Ziel war es, das Auto in Queenstown verkaufen, weil dort bald die Winter-saison in den Skigebieten startete. Eine von den vielen Arbeitsbienen dort wollte doch sicherlich ein verlässliches Transportmittel haben, das sie in die Skigebiete um Queenstown brachte. Allerdings war es noch vor der Saison, und noch hatten nicht alle einen Job oder eine Wohnung gefunden. Und dann schon in ein eigenes Auto investieren – schwierig. Es war also nicht so einfach, Interessenten für das Auto zu finden, wie wir uns anfangs gedacht hatten. Aber wir haben uns gesagt, es muss ja nur einer kommen und es haben wollen. Und dieser eine war dann auch irgendwann gefunden. Eine sehr gute Vor-Ort-Präsentation inklusive Werbeplakat machte es möglich. Wir positionierten Slick mit unserem »For sale«-Schild auf einem Parkplatz mitten in Queenstown. Natürlich direkt neben einem Free-Wifi-Hotspot. Und nach nicht einmal 15 Minuten klopfte Mike ans Fenster. Der Fisch hatte angebissen und musste mit einer Testfahrt nur noch an Land gezogen werden. Punkt, Satz, Sieg! Mike war nämlich für die Wintersaison in Queenstown, hatte schon einen Job und eine Wohnung und brauchte nur noch ein Auto, um in die Skigebiete zu kommen. Wir konnten den Wagen ohne nennenswerten Verlust verkaufen, da wir in den vergangenen zwei Monaten auch nur in eine neue Batterie hatten investieren müssen.

Für die Weiterreise nahmen wir spontan einen Mietwagen. Der Wochenpreis für das Modell El Cheapo entsprach nämlich einer Busfahrt inklusive Flughafentransfer für zwei Personen von Queenstown nach Christchurch, von wo unser Flieger zurück nach Auckland ging. Klar, Benzinkosten kamen noch mal oben drauf, aber die Flexibilität, die wir mit dem eigenen Auto hatten, war es uns wert.

DIE MEG HUT

Auf dem Kepler-Trek hatten wir von einem Pärchen einen Hüttentipp bekommen. Dabei ging es nicht nur um die Hütte selbst, sondern auch um ein Fotomotiv, das Stefan im Kopf hatte. Wir machten uns also im El Cheapo nach Cardrona auf, um dort die Meg Hut zu finden. Landschaftlich war die Gegend komplett anders als das Fjordland. Hohes goldenes Tussockgras und einige undefinierbare Felsformationen bestimmten die Hochebene. Die Meg Hut lag mitten drin und war ein echtes Schmuckstück. Auch wenn sie von außen wie ein Wellblechkabuff erschien, innen war es sehr gemütlich. Eigentlich wollten wir nur eine Nacht dort bleiben, aber dann wurden drei Nächte draus. Wir genossen die Landschaft, sammelten und sägten Feuerholz, erkundeten die Gegend und saßen jeden Abend gemütlich am warmen Feuer. Wie gut, dass wir immer genug Essen mit auf den Berg schleppten. Und das Wasser zum Trinken ging auch nicht aus, weil die Hütte direkt neben einem kleinen Bach lag. Dass unser Abflug immer näher rückte und wir noch bis Christchurch fahren mussten, haben wir zu verdrängen versucht.

Dabei gab es noch einiges zu tun. Wir hatten ja einen Flug nach Nordamerika gebucht. Allerdings würde unsere Auslandskrankenversicherung den Besuch dort nicht abdecken. Außerdem war das Jahr, für das wir die Versicherung gezahlt hatten, bald rum, sodass wir so oder so verlängern mussten. Wir brauchten also neben der Verlängerung auch noch eine Erweiterung der Krankenversicherung oder eben eine neue Krankenversicherung. Aus dem Ausland eine Auslandskrankenversicherung abzuschließen, ist aber leider nicht ganz unkompliziert. Wir entschieden uns letztendlich für eine Versicherung aus Frankreich, da man hier den Abschluss auch kurzfristig aus dem Ausland erledigen konnte und Nordamerika mit abgedeckt war. Nachdem das erledigt war, blieb uns noch ein Abend Zeit.

Es war der letzte Abend in Neuseeland, als wir entschieden, dass wir Ende September zurück nach Deutschland fliegen wollten. Anfang Oktober würde Stefans Bruder seine Hochzeit feiern. Das war doch ein guter Grund, um zurückzukehren. Wir hatten eigentlich nur ein Jahr lang auf Reisen sein wollen. Nun würden es zwei Monate mehr werden. Auf diese Entscheidung brauchten wir erst einmal eine Flasche Wein. Und nachdem wir den Flug nach Deutschland gebucht hatten, gönnten wir uns eine Flasche von der 25-Euro-Sorte.

SO WAR NEUSEELAND

Nach neun Wochen hatten wir in Neuseeland fast 8.000 Kilometer im Auto verbracht. Am Ende war es doch zu wenig Zeit für alles, dabei schien es zu Beginn unserer Neuseeland-Rundreise so gut auszusehen. Neuseeland war so vielfältig, dass es schwierig ist, ein Resümee zu ziehen. Das Land war ganz anders, als es sich viele vorstellen. Es gibt viel Landschaft, aber eben auch viel Landwirtschaft. Es ist nicht so wild, wie man glaubt. Eigentlich war sogar alles ziemlich geregelt hier. Wir hatten dennoch eine wunderschöne Zeit. Besonders die Kombination aus Surfen, Wandern und Autofahren hat uns gut gefallen. Dabei haben wir uns richtig frei gefühlt. Der Herbst im Zelt war allerdings eine Herausforderung. Schlechtes Wetter und Dunkelheit konnten manchmal ganz schön aufs Gemüt schlagen. Da half dann nur noch ein gutes Glas Wein. Andererseits konnten wir aber auch nicht ständig Wein trinken. Also mussten wir weiter.

Cook Islands

ABHÄNGEN IN DER SÜDSEE
4. JUNI

Kia Orana. Willkommen in der Südsee. Die Cook Islands liegen im Südpazifik, weit weg vom Rest der Welt. Neuankömmlinge werden am Flughafen mit Livemusik und Blumenkette begrüßt – egal wie spät es ist. Also auch morgens um zwei Uhr. Da landeten wir nämlich. Die Cook Islands waren keine Backpacker-Destination wie Neuseeland oder Australien. Man machte hier Urlaub, bevorzugt Honeymoon. Dementsprechend reihte sich ein Luxusresort an das nächste. Ein paar Nächte in so einem Fünf-Sterne-Resort wären sicher schön gewesen. Wir waren ja schließlich auch auf Honeymoon. Aber zwischen umgerechnet 300 und 1.900 Euro pro Nacht? Das wollten wir nicht ausgeben. Da reisten wir lieber noch eine Weile. Die wenigen kleinen Privatunterkünfte waren auch keine schlechte Alternative. Nur das Hostel war nicht zu empfehlen ...

Zehn Tage verbrachten wir auf Rarotonga. Bis sich die Sonne das erste Mal richtig gezeigt hat, dauerte es dann ganze drei Tage. Bis dahin hat es fast nur geregnet. Anders als in der Regensaison in einigen asiatischen Ländern war es hier aber meist nicht mit einer Stunde Regen am Tag getan. In der Südsee kann es tagelang durchregnen. Aber vielleicht hatten wir auch einfach nur ein paar Tage Pech. Als die Sonne dann endlich zu scheinen begann, war alles umso schöner. Die Muri-Lagune erstrahlte in allen möglichen Blautönen. Hinzu kamen der weiße Sandstrand und das satte Grün der Palmen. Ein absoluter Südseetraum. Diesmal in der echten Südsee.

In der kleinen Hauptstadt Avarua auf Rarotonga herrschte immer geschäftiges Treiben. Autos, Mopeds und Busse düsten durch die Gegend. Wir waren fast täglich dort zum Einkaufen, weil wir uns die meiste Zeit über selbst verpflegt haben. Thunfisch, Marlin und Mondfisch haben wir für umgerechnet maximal 7,50 Euro je Kilogramm in einem kleinen Laden in der Nähe des Flughafens erworben und dann als Steak oder als Curry zubereitet. Für die einzelne Übernachtung zahlten wir auf Rarotonga umgerechnet ca. 70 Euro. Das war verhältnismäßig viel für

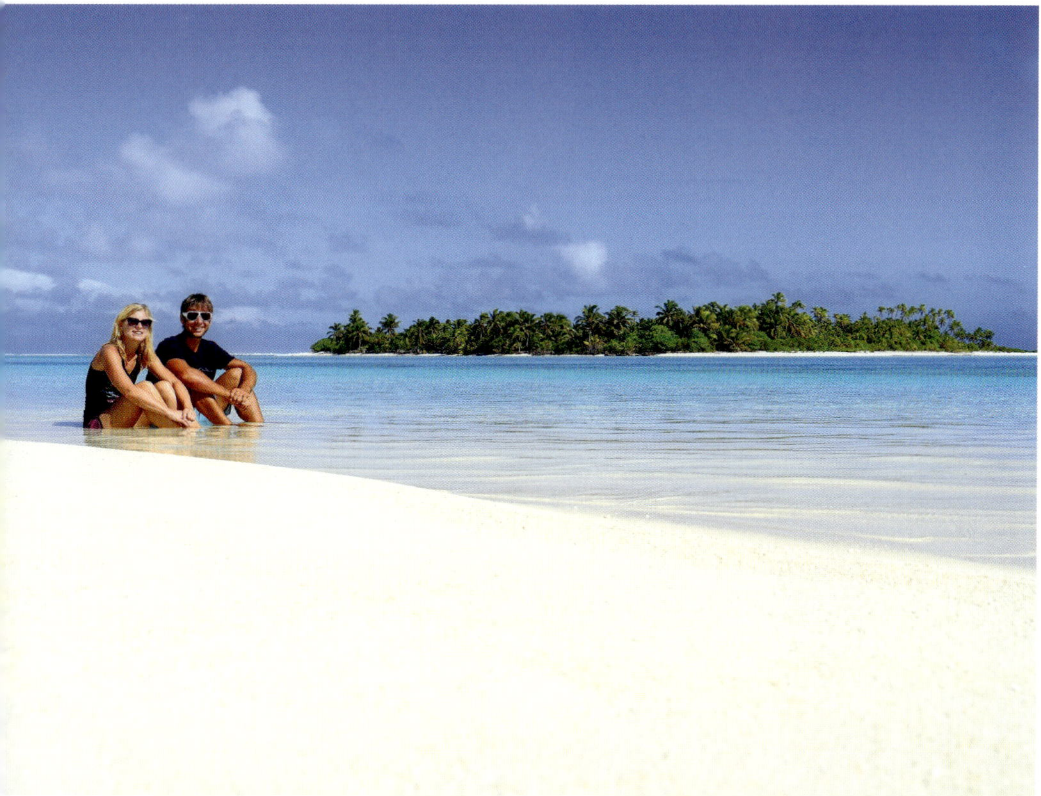

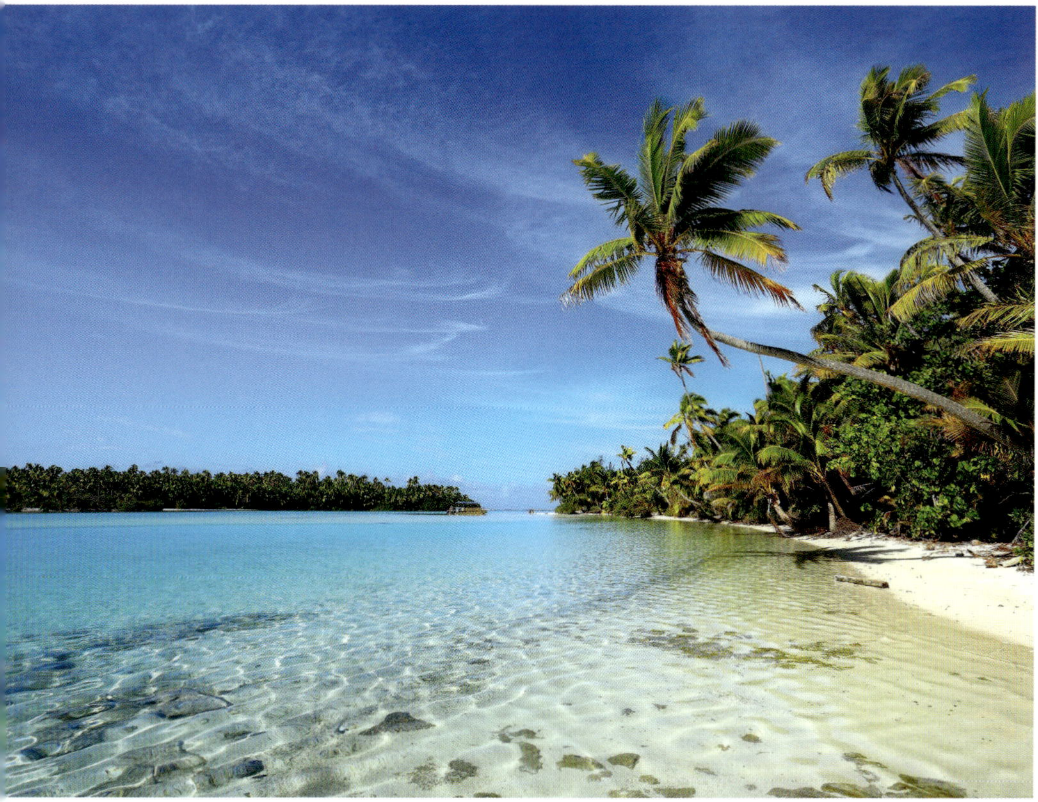

uns. Essen in Restaurants war hier natürlich auch nicht so günstig wie beispielsweise in Asien. Alles musste importiert werden. Das Meiste wurde aus Neuseeland und Australien eingeflogen oder mit dem Frachtschiff geliefert. Nur der Fisch war nicht importiert und somit um einiges günstiger als all die anderen Lebensmittel. Wir passten uns also einfach an die Gegebenheiten an.

Nach fünf Nächten mussten wir die Unterkunft wechseln, weil unsere bisherige schon vorgebucht war. Wir glaubten, es wäre ja kein Problem, wieder einmal in einem günstigen Hostel zu schlafen. Aber als wir dort ankamen, dachten wir, uns trifft der Schlag. Vor ein paar Monaten hatte es gebrannt, aber das war nicht das Schlimme. Bad, Küche und Aufenthaltsraum waren derart schmutzig und abgewohnt, dass uns fast schlecht wurde. Hier konnten wir nicht bleiben. Mitten im Paradies so eine Dreckshöhle! Nach einer Nacht sind wir wieder ausgezogen. Stefan hatte sich dann auf den Weg gemacht, um eine Alternative zu suchen. Ich saß in der Zeit am Strand und habe auf das Gepäck aufgepasst. Wir kamen uns vor wie zwei gestrandete Urlauber nach einem Flugzeugabsturz. Nach einiger Zeit hatte Stefan tatsächlich einen bezahlbaren, kleinen Bungalow in direkter Strandnähe ausgemacht. Unser Honeymoon konnte weitergehen.

Wir hatten uns für die Zeit auf Rarotonga ein Moped gemietet. So war es einfacher für uns, zum Einkaufen zu fahren. Zumal unsere Unterkunft genau auf der anderen Seite zur Stadt auf der Insel lag, deren Hauptstraße mit 32 Kilometern Länge einmal um die Insel führt. Von Tag zu Tag mehrten sich die Schilder mit »No Petrol« an den Tankstellen. Auf den Cook Islands ging das Benzin zur Neige. Zwei Tage, bevor wir weiter Richtung Aitutaki geflogen sind, gab es an keiner Tankstelle auf Rarotonga mehr Benzin – alles leer! Alle warteten auf die Ankunft des nächsten Tankschiffes. Bis zu dessen Ankunft dauerte es aber noch fünf Tage. Und so wurden die Straßen immer leerer. Die Mietwagenfirmen konnten ihre Autos und Mopeds nicht mehr vermieten. Und auch wir hatten unser Moped zum Schluss komplett leer gefahren. Die Ankunft des sehnlichst erwarteten Frachtschiffes durften wir dann auf der kleinen Insel Aitutaki miterleben. Hier haben wir unsere letzte Woche auf den Cook Islands verbracht.

AITUTAKI – DER WAHRE SÜDSEETRAUM
6. JUNI

Aitutaki liegt ca. 260 Kilometer oder 50 Flugminuten nördlich von Rarotonga und war ein absoluter Südseetraum. Und Stefans Traum!

Irgendwann Anfang letzten Jahres hatte ich eine E-Mail von Stefan mit einem Bild von der für ihn perfekten Südseeinsel bekommen: Aitutaki. So war Stefan auf die Cook Islands als Traumziel gekommen, und so sind diese Südseeinseln auf unserer Reiseroute gelandet. Wir hatten natürlich lange vorab recherchiert, ob es nicht noch bessere Alternativen geben würde als Aitutaki. Über die Fidschis, die Marshall Islands oder gar Französisch-Polynesien hatten wir nachgedacht. Aber alles wäre ein Kompromiss gewesen. Und wahrscheinlich sogar noch teurer geworden.

Aitutaki zeichnete sich durch ein ganz besonderes Merkmal aus – eine atemberaubende Lagune. Als wir in Rarotonga noch dachten, blauer und leuchtender geht das Wasser nicht mehr, da wussten wir noch nicht, wie es auf Aitutaki ist. Die Lagune hier bot ein Blau- und Türkisspektrum, das kaum vorstellbar ist. Photoshop brauchte da nicht nachzuhelfen, das Programm wäre bei der Verarbeitung der Farben wahrscheinlich selbst überfordert. Es war genau so, wie Stefan sich seine Südseeinsel immer vorgestellt hatte: weißer Sandstrand, unzählige Palmen und türkisfarbenes Wasser so weit das Auge reichte. Deshalb wurde unser Lagoon Cruise zu einem absoluten Highlight der ganzen Reise.

AITUTAKI LAGOON CRUISE

Die Erwartungen an den Ausflug in die Lagune waren groß, insbesondere bei Stefan. Er hatte das Bild vom perfekten Strand mit Palmen und Meer bei strahlendem Sonnenschein seit mehr als einem Jahr im Kopf.

Puna, unser Captain für die Bootstour, sammelte alle Gäste mit seinem Bus ein und brachte uns zum Boot. Unsere Gruppe bestand aus zwölf Personen und vom frisch vermählten Pärchen über passionierte Segler bis zur rüstigen Oma waren alle dabei. Begrüßt wurden wir gleich am Anfang von Schildkröten. Die vielen bunten Fische begleiteten uns den ganzen Tag über ebenso wie die Sonne und das unglaublich klare, blaue Wasser. Neben den Schnorchelstopps steuerten wir zwei kleine Inseln in der Lagune an. Honeymoon Island und One Foot Island mit der vorgelagerten Sandbank waren die perfekten Fotomotive für Stefan. Er konnte gar nicht genug bekommen von den leuchtenden Farben des Wassers, den perfekten Palmen am Strand und dem unglaublich weißen Sand. Und ich konnte gar nicht oft genug ins blaue Nass springen. Der Tag war perfekt. Sogar so perfekt, dass Stefan die gleiche Tour drei Tage später noch einmal buchte. Für die zweite Tour konnte er auch noch einen ordentlichen Rabatt raushandeln, ich ahnte von all dem nichts. Als Puna mit seinem Bus am Morgen um die Ecke bog, war die Überraschung umso größer. Und wir hatten noch einmal Glück mit dem Wetter – den ganzen Tag über strahlte die Sonne aus allen Knopflöchern. So selbstverständlich war das mit der Sonne hier schließlich nicht. In den sechs Tagen auf Aitutaki hatten wir drei Tage Regen. Es war zwar kein Dauerregen, aber das Wetter war weit weg von strahlendem Sonnenschein.

Aitutaki war weit von dem Massentourismus entfernt, den wir erwartet und befürchtet hatten. Denn nachdem, was wir auf Palawan bei unserem Seekajak-Trip erlebt hatten, waren wir auf jede Menge Tourboote eingestellt gewesen. Aber Aitutaki war viel schwerer zu erreichen als Palawan. Hier landeten maximal drei kleine Flieger pro Tag. In der Lagune waren daher vielleicht drei oder vier Tourboote jeden Tag unterwegs. Es blieb alles überschaubar und sehr entspannt. Abgesehen von den Luxusresorts ging es auf der Insel sehr gemütlich und relaxt zu. Als wenn sich die Uhrzeiger hier langsamer drehen würden. Inselzeit nennt man das. Die ruhige Zeit in der Südsee ging trotzdem viel zu schnell vorbei. Von Aitutaki flogen wir zurück nach Rarotonga. Von dort ging einmal in der Woche eine

Maschine nonstop nach Los Angeles, das für uns aber erst mal nur ein Zwischenstopp war, denn es ging gleich weiter nach Vancouver in Kanada. Dort wollten wir
Anja und Basti besuchen. Die beiden kannten wir aus Innsbruck, und sie waren
vor mehr als drei Jahren nach Vancouver gezogen. Wir hatten seitdem immer wieder gesagt, irgendwann kommen wir euch mal besuchen. Nun war irgendwann.

SO WAREN DIE COOK ISLANDS

*Wenn die Südsee nicht so verdammt weit weg wäre, dann wären wir schon
bald wieder dort. Und wenn es dort nicht so verdammt teuer gewesen wäre,
wären wir sicherlich auch länger geblieben. Wir hätten allerdings damit
klarkommen müssen, dass es nicht besonders abwechslungsreich war.
Nur blaues Wasser und weißer Sandstrand wird irgendwann auch fad.*

Kanada & USA

KANADA
FULL HOUSE IN VANCOUVER
13. JUNI

Yoga Pants waren gerade schwer angesagt in Vancouver, gleich nach Regenschirm und Gummistiefeln. Wir hatten eine Woche in der Stadt verbracht und durften in der Zeit bei Anja und Basti wohnen. Viel haben wir zwar nicht von Vancouver gesehen, aber wir haben viel über das Leben hier gelernt. Zum Beispiel in welchem Viertel wer wohnte, was man momentan so in der Stadt anzog, und wie man günstig an Autos, Fahrräder und Möbel kam. Der Grund dafür waren Alex und Johanna gewesen. Beide waren gerade aus Deutschland gekommen und wollten ein Jahr in Kanada bleiben. Auch sie kamen bei Anja und Basti unter. Alex und Johanna beeindruckten uns schwer damit, wie sie es geschafft haben, binnen einer Woche in Vancouver ihr neues Leben einzurichten. Wir hatten also eine Woche *full house* in Vancouver. Wir haben es sehr genossen, dass wir seit fast einem Jahr mal wieder in einer richtigen Wohnung wohnen und ein Gefühl von »zu Hause sein« erhaschen konnten. Von Anja und Basti erhielten wir eine Einführung ins »Pitch and Putt« (eine kleinere Variante von Golf für jedermann). Wir waren außerdem das erste Mal mountainbiken nach fast einem Jahr Pause. Puh, das war gar nicht so ohne. In Österreich waren wir beide ja regelmäßig mit den Bikes in den Bergen unterwegs gewesen. Stefan sogar noch mehr als ich. Aber die Kondition zum Bergauffahren war nun ganz schön dahin, bergab ging es noch ganz gut.

Nachdem Stefan seinen Traum von der Südsee erfüllt bekommen hatte, war ich jetzt dran. Alaska war nicht mehr weit, und die Flüge dorthin hatten wir schon lange rausgesucht. Nun mussten wir aber mal Nägel mit Köpfen machen. Ich hatte mir überlegt, wie ich in Alaska am liebsten reisen wollte. Herausgekommen war: per Kanu. Dafür mussten wir nun nur noch einen Kanuverleih und eine passende Paddelstrecke, also einen geeigneten Fluss, finden. Und dazu passend dann eben die Flüge buchen. Es war sehr vorteilhaft, dass wir bei Anja und Basti eine gute Internetverbindung hatten und in einer ähnlichen Zeitzone wie Alaska waren. Das machte das Organisieren leichter. Nach ein paar Tagen Mail-Verkehr mit diversen Kanuvermietern hatten wir das Wichtigste zusammen. Der Weg nach Alaska war frei. In gut drei Wochen sollte es losgehen. Bis dahin hatten wir Zeit, British Columbia und Alberta unsicher zu machen.

Von Vancouver aus wollten wir ursprünglich mit einem Mietwagen direkt Richtung Rocky Mountains weiterfahren und dann dort die Region erkunden. Aber nach unzähligen Tipps und Empfehlungen von Anja, Basti und all ihren Freunden entschieden wir uns für eine Alternativroute durch die USA und die drei Bundesstaaten Washington, Idaho und Montana. Den Mietwagen haben wir ganz kurzfristig gebucht über eine deutsche Website mit Abholstation in Vancouver, nur eine Straße von Anja und Basti entfernt. Das war die günstigste Möglichkeit. Dafür gab es aber auch nur einen kleinen, dafür fast neuen Hyundai Accent.

USA
GLETSCHER IM WILDEN WESTEN
22. JUNI

Um der neuen Reiseroute zu folgen, mussten wir erst einmal über die Grenze. Über die Einreise in die USA hörte man ja die wildesten Geschichten. Wir waren deshalb gut vorbereitet: Weiterflugticket, ESTA-Antrag (Reisegenehmigung für die USA) und positiver Kontostand als Beweis unserer Liquidität. Das hatten wir vorsorglich von Neuseeland aus geregelt. In L. A. war alles ganz unkompliziert gelaufen. Und auch bei der Einreise auf dem Landweg gab es keine Probleme. So ging es sofort weiter in den Wilden Westen.

Winthrop bot ein Stadtdesign im Wild-West-Stil. Alle Häuser wurden sogar in irgendeiner Form bewirtschaftet – es gab viele Souvenirläden, eine Bank, ein Lebensmittelgeschäft und eine Tankstelle. Und natürlich existierte auch ein Saloon. Winthrop liegt am östlichen Rand der North Cascades, die sich durch dichte Wälder, alpine Wildnis und supertolle Schotterstraßen auszeichneten. Dass wir keinen Pick-up, sondern einen kleinen Stadtflitzer als fahrbaren Untersatz hatten, war für Stefan schwer zu ertragen, aber meist doch kein Hindernis. Wir kamen überallhin, wo wir hin wollten. Am Hart's Pass kapitulierte das Auto dann aber. Die ausgespülten Rinnen in der Straße waren einfach zu tief. Wir mussten wohl oder übel umdrehen, auch wenn Stefan das nur sehr schwer einsehen konnte. Er war der Meinung, man hätte ihm in der Autovermietung ein kostenloses Upgrade für einen Pick-up anbieten müssen. Schließlich trug er Holzfällerhemd und Fünf-Tage-Bart. Nun wurde der kleine, neue Stadtflitzer sehr ausgereizt, was die Off-road-Performance betraf. Aber ich versprach Stefan, nächstes Mal einen Pick-up zu mieten, auch wenn es doppelt so teuer würde! Unser Zelt bauten wir auf den Plätzen des U.S. National Forrest auf und lernten dort nicht nur raue amerikanische Jungs kennen, sondern kämpften auch mit den Mücken. Die Plätze waren mit Feuerstelle und Picknicktisch ausgestattet und eine sehr günstige Alternative zu den großen Campingplätzen, wenn man auf komfortable Duschen und Toiletten verzichten kann.

Ein paar hundert Kilometer weiter Richtung Osten liegt der Bundesstaat Montana. Wir erreichten nach ungefähr 20 Stunden Fahrt durch Regen und Sturm und einer klassisch amerikanischen Motel-Übernachtung irgendwo in Idaho den Glacier National Park. Dort sahen wir endlich einen Grizzlybären. Ich hatte die ganze Zeit schon Ausschau nach diesen wunderbaren Tieren gehalten. Dass wir den Bären dann direkt an der Straße antrafen, war natürlich super. Das hat aber auch gleich einen sogenannten Bärenstau ausgelöst, denn alle Leute hielten mit ihren Autos und Wohnmobilen an, um ein Foto zu machen. Kurz nach dem frühsommerlichen Unwetter blieb die Passstraße durch den Glacier National Park leider geschlossen, und wir mussten mit unserem kleinen Flitzer den Park umfahren. So führte unser Weg durch das Blackfeet-Indian-Reservat und zurück nach Kanada und ohne Probleme über die Grenze.

Ohne Umwege ging es schnurgerade weiter Richtung Banff. Stundenlang folgten wir der Landstraße 22 ohne auch nur eine einzige richtige Kurve. So hatte ich mir die Straßen in dieser Gegend vorgestellt. Aber irgendwann kam die Abzweigung zum Trans Canada Highway und Banff and Jasper National Park. Wir gönnten uns erst einen Shopping-Stop in Canmore und checkten dann in Banff auf dem Campingplatz ein. Der Schutz der Bären wird in der Region ganz groß geschrieben, denn hier leben Bär und Mensch sehr dicht beieinander. Trotzdem war es für uns gewöhnungsbedürftig, dass hier nicht die Tiere, sondern die Menschen eingezäunt wurden. Um viele Campingplätze standen nämlich Elektrozäune, um die Bären und Menschen voneinander zu trennen und Zwischenfälle zu vermeiden. Auch noch sehr befremdlich für uns war die besondere Auffassung von Umweltbewusstsein. Stefan hatte es einmal gewagt, unser Zelt auf einem kleinen Rasenstück neben dem angewiesenen Schotterplatz aufzustellen. Das gefiel dem Platzwart gar nicht, denn der Rasen hätte einen Schaden davontragen können, und das wäre nicht gut für die Umwelt, sagte er. So weit, so gut. Allerdings war der Typ in einem V8 Truck unterwegs und machte sich bei seiner Ansage nicht einmal die Mühe, den Motor abzustellen. Das war dann wohl auch nicht so gut für die Umwelt, oder?

STEFAN ZURÜCK IN BANFF

Das letzte Mal war Stefan vor elf Jahren als Skiguide in Kanada gewesen. Der kanadische Winter war damals ausgiebig zelebriert worden. Die alten Geschichten rief er in Banff wieder ins Leben. So tingelten wir den ganzen Tag durch die Stadt und die Bars. Banff hatte sich im Gegensatz zu Queenstown in den Jahren der Abwesenheit nicht so stark verändert. Die meisten Hotels, Pubs und Geschäfte waren gleich geblieben. Auf mich wirkte alles ganz schick, aber auch ein bisschen snobby. Vielleicht lag es am Sommer, im Winter wäre Banff viel »cooler«, behauptete Stefan. Ich wollte sehr gerne die Skigebiete sehen. Wenn wir schon nicht Ski

fahren konnten (war ja Sommer ...), dann wollte ich wenigstens gucken. Und so fuhren wir nach Sunshine Village und Lake Louise. Die Skigebiete machten in den Sommermonaten aber auch nicht viel her. Es wirkte alles sehr trostlos und ausgestorben. Allerdings müssen wir zugeben, dass das in Europa bei vielen Skigebieten im Sommer auch nicht anders ist.

DIE ZWEI SEITEN DES ICEFIELDS PARKWAY

Nachdem wir unsere Wäsche gewaschen hatten (Stefan erinnerte sich vage an einen Waschsalon in Banff, den wir dann aber ewig suchen mussten, weil vage eben nicht genau ist ...), ging es weiter Richtung Icefields Parkway.

Der Icefields Parkway befindet sich zwischen Lake Louise und Jasper und verbindet somit den Banff National Park und den Jasper National Park. Man kann die Straße Richtung Norden oder aber Richtung Süden fahren. Um nichts zu verpassen, taten wir einfach beides, Perspektivenwechsel auf derselben Straße. Richtung Norden fielen uns die Touristenmassen auf. Kein Wunder, denn die großen Natur-Attraktionen lagen meist nur wenige Meter von der Straße entfernt und waren somit superleicht erreichbar. Auf dem Weg in Richtung Süden, also von Jasper nach Lake Louise, wurde ein anderer Blick auf die Berge frei. Es gab mehr Gletscher, mehr Eis und noch mehr Schnee zu sehen. Ganz klar welche Richtung uns mehr gefiel: wie immer Richtung Süden! Für die Natur-Attraktionen wie den Peyto Lake oder den Athabaska Gletscher mussten wir uns besser immer etwas von der Straße weg bewegen, so hatten wir weder mit überfüllten Aussichtsplattformen noch mit einer Warteschlange zum Fotografieren zu kämpfen. Am besten war es bei Sonnenaufgang. Da zeigte sich der Park von seiner ganz ruhigen Seite, morgens gegen fünf Uhr war noch kein einziger Tourbus unterwegs.

Wir waren fast zwei Wochen im Auto unterwegs. Gewandert sind wir trotz der vielen Möglichkeiten nicht wirklich. Und auch sonst haben wir uns recht wenig bewegt. Ich brauchte nach so viel Zeit im Auto aber mal wieder Action. Dank der Vancouver-Kontakte bekamen wir einen Superdeal für das Rafting auf dem Kicking Horse River. Und hatten das Glück, gleich zweimal mit dem riesigen Schlauchboot den Fluss runterzufahren. Ich bin dabei zwar fast über Bord gegangen, aber Action bekam ich so genug.

Ein paar Tage später ging unser Flieger nach Alaska. Da Inlandsflüge in den USA vergleichsweise günstig waren, hatten wir den Flug nach Anchorage nicht von Vancouver, sondern von Seattle gebucht. Unseren Wagen mussten wir allerdings in Vancouver wieder abgeben. Das alles erforderte gutes logistisches Denken. Also fuhren wir von Golden am Kicking Horse River zurück nach Vancouver. Natürlich nicht ohne noch einen Zwischenstopp in Whistler einzulegen. In Vancouver gaben wir dann unser Auto ab, besuchten Alex und Johanna in ihrer neuen Wohnung, gingen noch einmal mit Anja und Basti zum Essen und fuhren dann mit dem Bus nach Seattle. Mit dem Flugzeug ging es dann erst nach Anchorage und weiter Richtung Norden nach Fairbanks.

USA
ALASKA – UND PLÖTZLICH IST MAN AUF DEM YUKON
10. JULI

Warum ich unbedingt nach Alaska wollte? Ich wollte in die Wildnis. Mit der Frage der Umsetzung hatte ich mich in den letzten Wochen ausgiebig beschäftigt. Nachdem es mal wieder viel zu viele Möglichkeiten gab, was man machen kann, hatten wir schnell beschlossen, uns auf eine Sache zu konzentrieren: Wir wollten durch die Wildnis paddeln nach dem Motto: »Eine Frau, ein Mann, ein Boot«. Immer schön den Fluss runter. Stellte sich nur noch die Frage, welchen Fluss wir nehmen sollten. In Alaska gibt es nämlich einige davon. Länge des Flusses, Erreichbarkeit, Schwierigkeit und Wildlife waren unsere Auswahlkriterien. Unser Trip sollte mindestens zwei Wochen dauern, das setzte für uns mindestens 400 Kilometer paddeln voraus. Wir wollten ja nicht nur den ganzen Tag faul in der Sonne liegen. Aus Kostengründen sollten Ein- und/oder Ausstieg über eine Straße erreichbar sein,

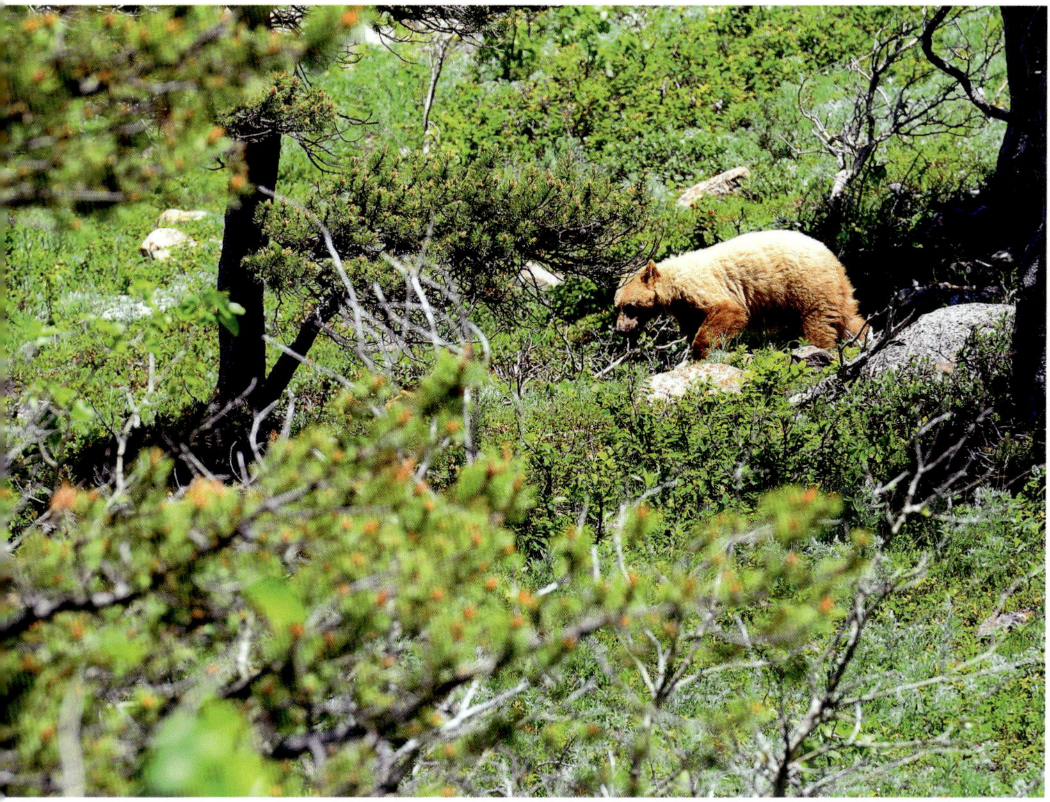

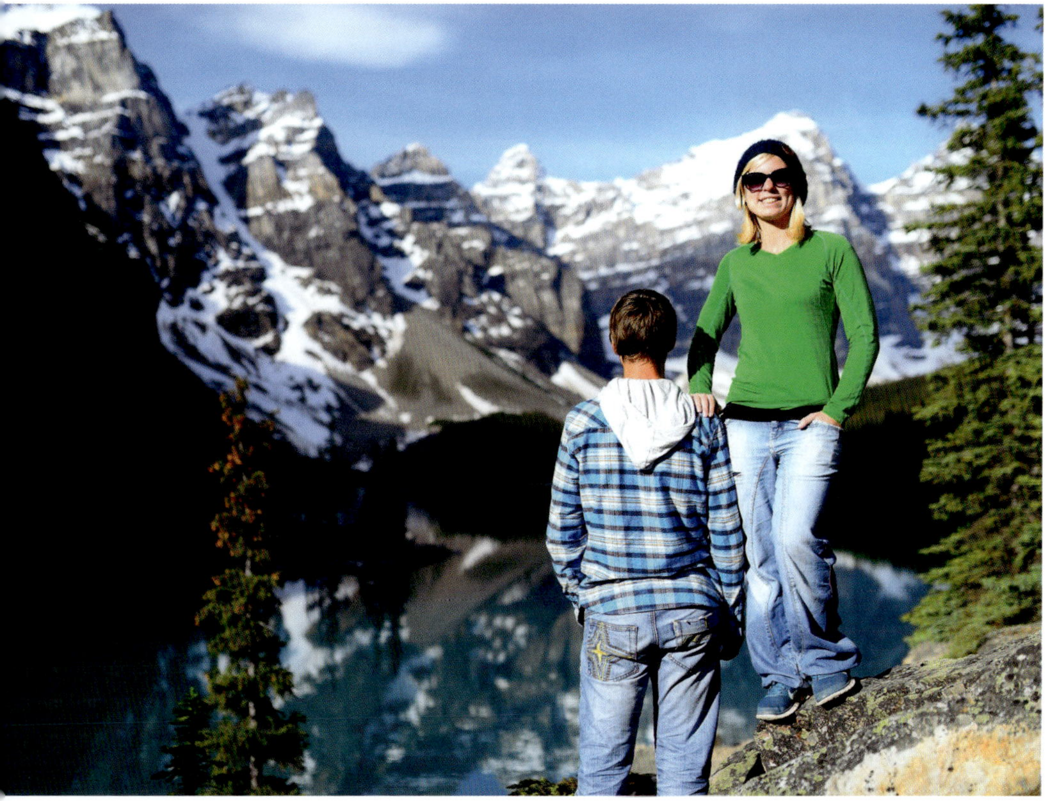

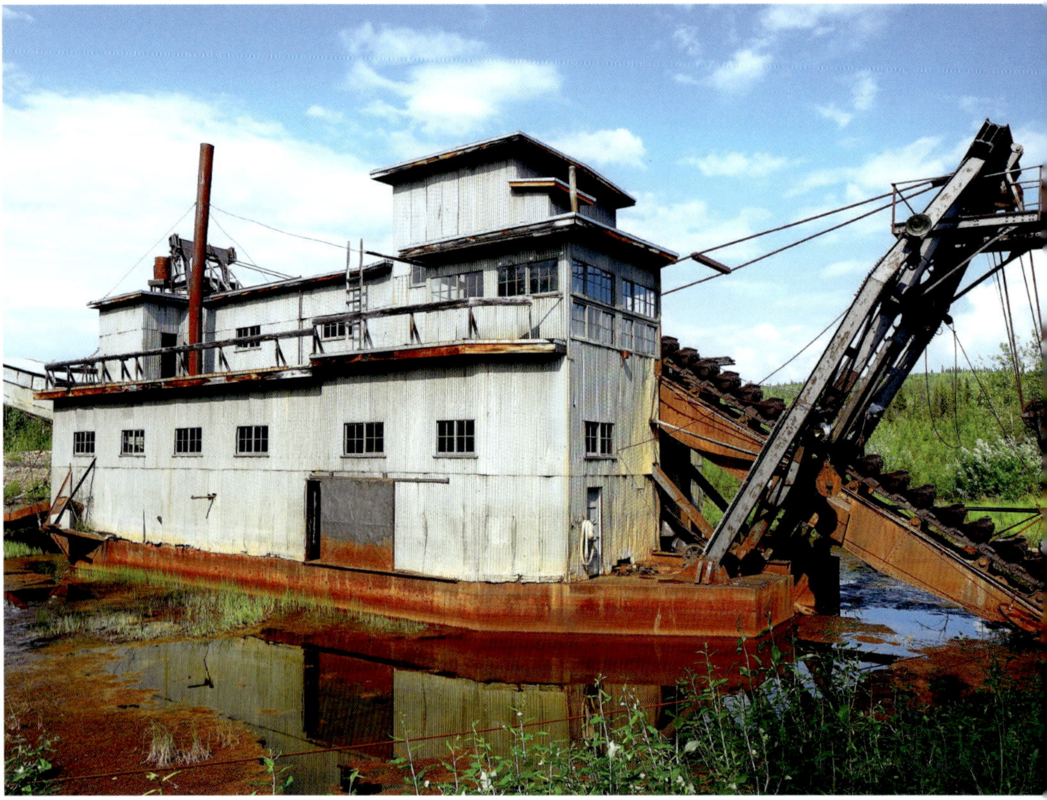

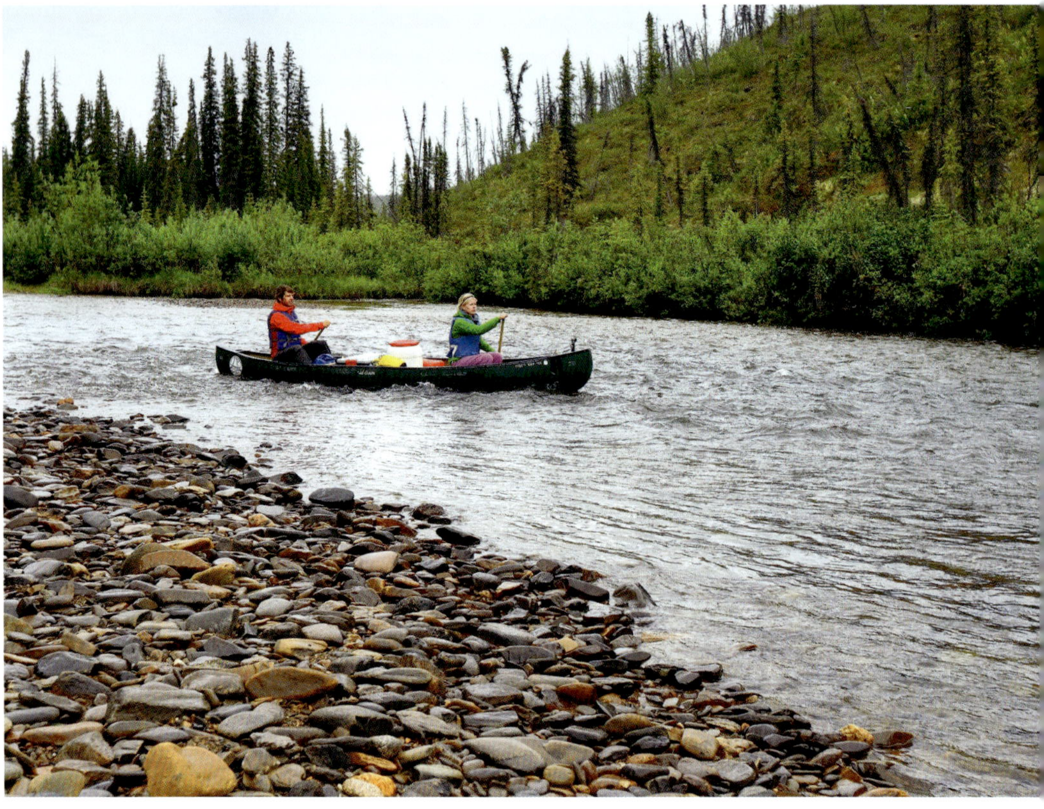

ansonsten hätten wir ein Buschflugzeug chartern müssen, und diese kosten bis zu 1.000 Dollar pro Stunde. In der Wildnis wollten wir unsere Komfortzone nicht unbedingt verlassen müssen, deshalb durfte der Schwierigkeitsgrad des Flusses maximal Stufe 2 der internationalen Wildwasserskala von 1 bis 5 haben. Und zu guter Letzt wollten wir Tiere sehen. Elche, Adler und natürlich Bären – bei ausreichendem Abstand versteht sich. Unsere Online-Offline-Querfeldein-Recherche kürte am Ende den Beaver Creek in der Interior Region zum Sieger: 600 Kilometer paddeln, Schwierigkeitsgrad 1 bis 2, gute Erreichbarkeit des Ein- und Ausstiegs und die Chance auf Wildlife. Drei Wochen wollten wir uns dafür Zeit nehmen und von der Quelle des Beaver Creek in den White Mountains bis zum Yukon River Crossing am Dalton Highway paddeln.

Gesagt, getan. Ziemlich schnell fanden wir Andy – Google machte es möglich. Er hatte uns das Kanu und den Transport angeboten – und zwar zu einem für uns realisierbaren Preis. Umgerechnet 700 Euro sollten Kanumiete und Transport kosten. Die anderen Anbieter hatten teilweise doppelt so viel verlangt. Andy war ein echter Glücksgriff. Wir konnten uns zu hundert Prozent auf ihn verlassen und haben zudem noch viel über die Gegend und das Leben hier erfahren.

Das Wetter stand mal wieder nicht ganz oben auf unser Kriterienliste. Wir hatten den Zeitraum mit Anfang bis Ende Juli als gut befunden. Der Sommer in der Interior Region galt schließlich als stabil, und für eventuelle Regentage hatten wir uns in Kanada mit neuen Regenklamotten ausgerüstet. Mit Hochwasser hatten wir jedoch nicht gerechnet. Aber warum sollte der Start zu einer längeren Tour bei uns auch einmal pünktlich klappen? Richtung Everest waren wir wegen Krankheit und Schlechtwetter später als geplant gestartet, und den Seekajak-Trip in Palawan hatten wir wegen der Taifunwarnung eine ganze Woche verschieben müssen. Nach drei Tagen Dauerregen in Fairbanks lautete die Empfehlung von Andy: warten oder einen anderen Fluss zum Paddeln wählen.

Wir kombinierten beides. Der geplante Trip (Beaver Creek) wurde verschoben und ein zusätzlicher Fluss-Trip ausgewählt. Und plötzlich ging es direkt auf den Yukon. Mit insgesamt 3.187 Kilometern der längste Fluss in Alaska. Andy hatte uns die 260 Kilometer lange Teilstrecke von Eagle bis Circle vorgeschlagen und uns natürlich auch für diesen Trip mit Boot und Transport versorgt. Der Yukon war aufgrund seiner Größe weniger anfällig für Hochwasser und für uns außerdem eine gute Einstimmung auf die Wildnis. Von Circle wollte er uns direkt zum Beaver Creek fahren. Für den eigentlich geplanten Trip hatten wir dann statt der geplanten drei Wochen nur zwei Wochen Zeit. Das hörte sich für uns nicht schlecht an.

Was die Essens- und Equipment-Planung betraf, änderte sich nicht viel. Wir nahmen alles mit, teilten aber das Essen auf beide Trips auf. Mit der Kalkulation hatte es bei uns ja bisher immer ganz gut geklappt. Und nach einem Großeinkauf für die drei Wochen bei Fred Meyer in Fairbanks und einer standesgemäßen Taxifahrt mit etlichen Einkaufstüten zurück ins Hostel (weil wir ja schlecht zwei große Einkaufswagen durch die Stadt schieben konnten), war alles erledigt. Wir mussten allerdings einiges an Material zukaufen. Ein Grillrost und eine Angel waren nämlich nicht Bestandteil unseres Rucksackinhalts. Oberste Priorität hatten Mückenschutz und Bärenabwehr. Ansonsten waren wir recht minimalistisch unterwegs:

GOLDGRÄBERSTIMMUNG
Das Yukon-Gebiet steht für Goldrausch. In den Hoch-Zeiten Ende des 19. und Anfang des 20. Jahrhunderts waren Tausende Abenteurer auf der Suche nach Gold in dieser Region unterwegs. Noch heute wird in Alaska nach dem wertvollen Metall geschürft. Unser Trip entwickelte sich unerwartet zu einer geschichtlichen Spurensuche. Schon allein die Fahrt von Fairbanks nach Eagle war der Wahnsinn. Plötzlich gab es einfach nur noch die Weite. Wälder, so weit das Auge reichte, und dazwischen immer wieder alte und neue Spuren der Goldsuche. Und spätestens, als wir in das Örtchen Chicken (ja, der Ort heißt wirklich so) kamen, kam auch bei uns Goldgräberstimmung auf. Als wir dann auf dem Fluss von Eagle Richtung

PACKLISTE KANUTRIP ALASKA:

TRANSPORT
Kanu (Old Town Discovery 169) + 4 Paddel
Wasserdichte Säcke (3 x 30 l, 1 x 20 l)
Box für Essen & Material
Bärensichere Box
Müllsäcke & Nylonsäcke, Ikea-Tasche
10 Meter Schnüre

SCHLAFEN
Schlafsack + Inlet
Decke
Isomatte (+ Pumpe)
Zelt, Zeltunterlage / Tarp

KLEIDUNG
Regenjacke & Regenhose
1 warme Jacke
1 Pulli/1 Jacke
1 Trekkinghose
1 Funktions-T-Shirt
2 normale T-Shirts
Lange Unterwäsche
4 x Unterwäsche
4 Paar Socken + warme Socken
Schlafsachen
Trekkingschuhe
Gummistiefel
2 Handtücher

KOCHEN
Kocher + Gas
Grillrost
Espressomaschine
Topf + Deckel
Schüsseln

Becher
Besteck
Schneidebrett
2 Trinkflaschen
Wasserreinigungstabletten
2 Feuerzeuge
Anzünder
Messer/Multitool
Eco-Spülmittel
Geschirrtuch + Schwamm

HYGIENE/ERSTE HILFE
Sonnencreme
Zahnbürste, Zahnpasta
Klopapier
Bürste
Mückenschutz (Spray, Gesichtsnetz, Coils)
Hygienetücher
Erste-Hilfe-Set
Nagelschere, Pinzette
Div. Tabletten (Fieber, Kopfschmerzen etc.)

TECHNIK
GPS Gerät
GoPro + Ladegerät
Handy + Ladegerät
Kamera + Objektive + Ladegerät
Kopfhörer
E-Book
Stromadapter
Stirnlampe

ESSEN & TRINKEN

6 kg Reis
6 kg Nudeln
20 Dosen Thunfisch
15 Packungen Soßen für Nudeln/Reis
6 Packungen div. Suppen
Pancake-Fertig-Mischung
10 Zwiebeln
15 Zitronen
6 kg Oatmeal (Haferflocken)
3 kg Bananen
2 kg Äpfel
Trockenfrüchte
Milchpulver für 20 l Milch
1 kg Kaffee
500 g Creamer
Teebeutel, verschiedene Sorten
1 kg Zucker
Salz & Pfeffer
10 Packungen Kekse
3 Packungen Bonbons
3 x 500 g Nüsse
40 Energieriegel
Schokolade
3 Flaschen Rum
2 x 3 l Wein
2 x 4 l Wasser

SONSTIGES

Sonnenbrille
Notizbuch und Stift (wasserfest)
Landkarten (USGS Maps)
Klebeband
Spiele
Angel + Köder
Säge
Bear Spray
Tröte
Schwimmweste
Bargeld, Kreditkarte

Circle unterwegs waren, fanden wir viele Relikte von den Anfängen der industriellen Goldsuche. Alte Dampfmaschinen und Schwimmbagger standen so, wie sie einst auch verlassen worden waren, in der Wildnis rum. Meist ganz nah am Fluss. Man musste sie nur finden. Der Ranger von dem kleinen Nationalparkzentrum in Eagle war uns sehr behilflich bei der genauen Angabe der Fundstellen. Obendrauf gab es natürlich noch ein paar Goldgräbergeschichten.

Fünf Tage lang ging es für uns mit dem Kanu den Fluss hinunter durch das Yukon-Charley Rivers National Preserve. Zu zweit in einem Boot, das war neu für uns, und wir mussten das mit der Koordination vom Paddeln und Steuern erst einmal rausfinden. Es war also ganz gut, dass der Fluss sehr ruhig war. Geschlafen haben wir nicht immer in unserem Zelt. In drei von fünf Nächten entschieden wir uns für das Angebot der Public Use Cabins. Die kleinen Hütten lagen meist nahe dem Flussufer und waren sehr individuell eingerichtet. Die Nutzung war kostenlos. Das funktionierte deshalb, weil die Hütten nur über den Fluss erreichbar waren und das Yukon-Charley Rivers National Preserve bisher vom Massentourismus verschont geblieben war. Alle Hütten verfügten über einen Ofen, eine Koch- und Schlafmöglichkeit und natürlich über ein bärensicheres Lager. Im Sommer kamen die Gäste per Boot, im Winter mit dem Skidoo und für die Jagd. Für Notfälle hatte der National-Park-Service an jeder Hütte eine Versorgungsbox installiert, die alles Notwendige für ein paar Tage Überleben in der Wildnis bereithielt. Die Hütten waren eine ungeplante und coole Überraschung. In einer entdeckten wir sogar einen alten Kassettenrecorder mit einer Kassette von den Beach Boys und haben dann spontan eine kleine Party zu zweit mitten in Alaska gefeiert.

Trotz Party schafften wir es pünktlich nach Circle. Dort konnten wir kurz unsere Kamera-Akkus aufladen. Außerdem haben wir noch ein paar Lebensmittel gekauft. Und nach nur ein paar Stunden im ziemlich rustikalen, kleinen Circle ging es direkt ins nächste Abenteuer. Andy war pünktlich gekommen, wir luden das Kanu und unser Gepäck auf seinen Truck und fuhren von Circle bis an die

Einstiegsstelle zum Beaver Creek, die etwa drei Autostunden von Circle entfernt lag. Der Wasserstand am Beaver Creek hatte sich nach dem Dauerregen wieder normalisiert, und auch Andy sah keine Probleme für unseren Start. Andy hatte auch die Vorräte für den zweiten Trip dabei. Was uns besonders gefreut hat: Er hatte zusätzlich frische Äpfel und Bananen gekauft, über die wir vor einer Woche noch laut nachgedacht hatten.

EIN GANZES JAHR!
23. JULI

Ein ganzes Jahr war rum! Genau vor einem Jahr hatten wir uns von den Eltern und Freunden verabschiedet, uns für eine Reise um die Welt entschieden und waren von Berlin in die Mongolei geflogen. Damals war da noch viel Unsicherheit: Tun wir das Richtige? Und ist es der richtige Zeitpunkt? Nun stand für uns fest, dass es kein richtig und falsch gab. Was man auf Reisen zusammen erlebt, kann eigentlich nur richtig sein! Aus Unsicherheit war Sicherheit geworden. Wir machten zusammen etwas für uns Einmaliges. Und hatten das wohl Kostbarste im Leben – Zeit zusammen!

Inzwischen wurde es Zeit, wieder an zu Hause zu denken. Eigentlich hatten wir ja nach einem Jahr wieder zurückkehren wollen – aber nun dauerte es halt etwas länger. Am Anfang unserer Reise hatten wir viel Respekt vor der Buchung der letzten Flüge gehabt. Dann ging es aber doch ganz leicht. Ende September würden wir also wieder Richtung Deutschland aufbrechen. Die Buchungsbestätigung für den letzten Flug ließen wir so lange im E-Mail-Postfach liegen. Jetzt ging es erst mal wieder auf den Fluss.

BEAVER CREEK – ES GEHT WEITER IN DIE WILDNIS
28. JULI

Der Beaver Creek hatte einen komplett anderen Charakter als der Yukon River. Am Beaver Creek gab es viele herabhängende und umgekippte Bäume und teilweise blockierte Passagen, um die wir herummanövrieren mussten. Gut, dass wir

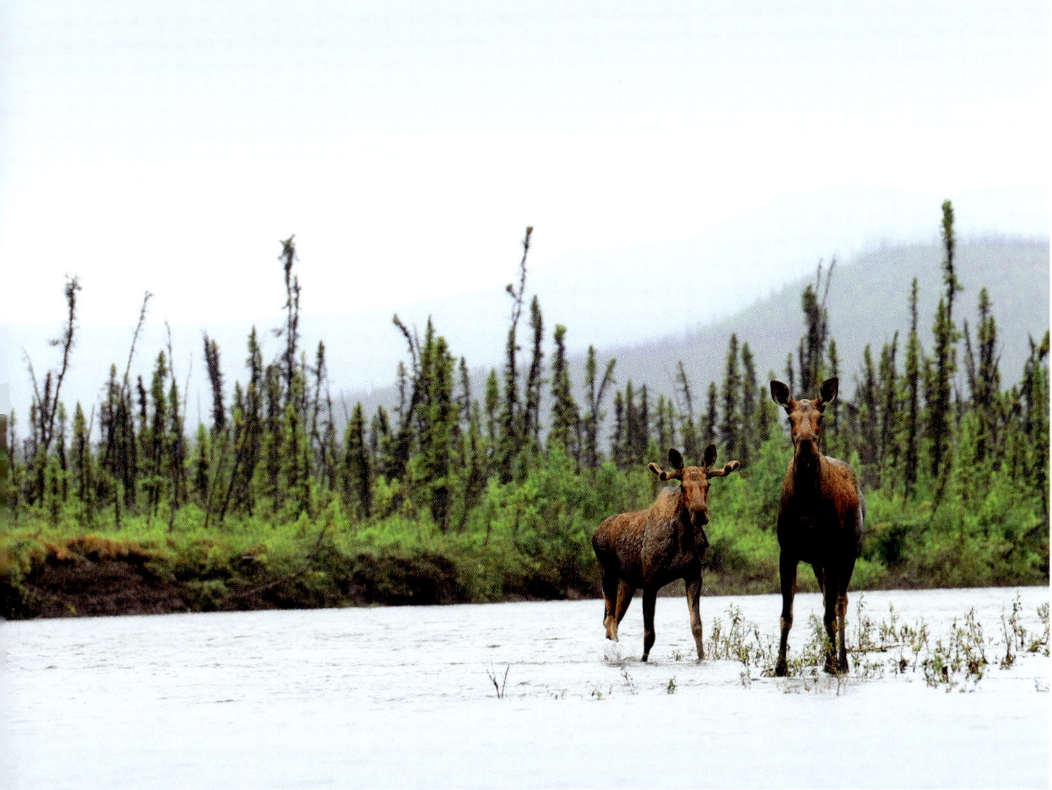

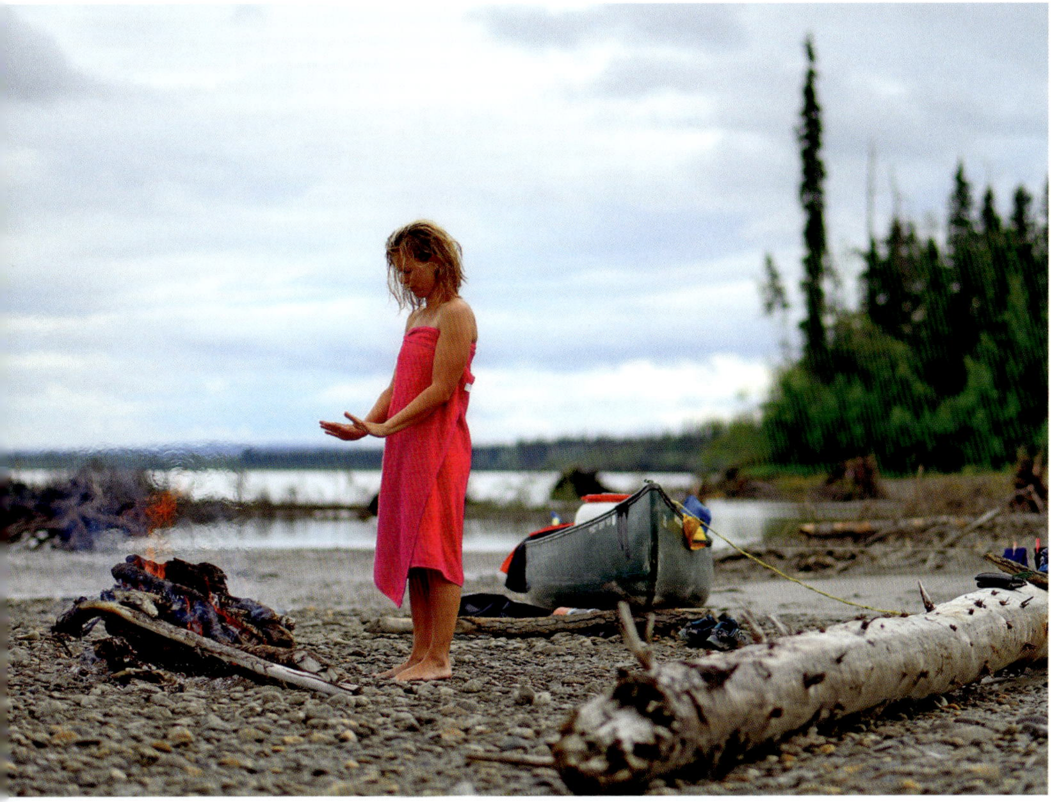

jetzt schon ein wenig Erfahrung mit unserem Kanu hatten, denn zu kentern wäre sicherlich nicht lustig geworden. Der Fluss war vor allem im oberen Teil schmaler und klarer als der Yukon. Die Landschaft war hier von den White Mountains geprägt, und die Chance Bären, Elche, Adler und andere Tiere zu sehen, lag ziemlich hoch. Tatsächlich hatten wir das Glück, all die Tiere zu Gesicht zu bekommen. Nach circa 200 Kilometern Paddeln hätte es die Möglichkeit gegeben, sich mit dem Buschflugzeug abholen zu lassen. Ein weiser Plan für alle, die das nötige Kleingeld haben (kostete zu dieser Zeit rund 800 Dollar). Denn im unteren Teil schlängelte sich der Beaver Creek sehr langsam durch das Yukon Flats National Wildlife Refuge, bis es schließlich zurück auf den Yukon ging. Dieser Teil war extrem langatmig und mühsam. Nach jeder Kurve dachten wir, gleich kommt etwas anderes, gleich wird es besser. Aber weit gefehlt. Es ging so weiter. Tagelang. Auf dem Yukon paddelten wir dann (meist bei viel Gegenwind) bis zum Endpunkt unseres Trips, dem sogenannten Yukon Crossing. Hier führte der Dalton Highway über den Yukon, und es war die letzte Möglichkeit, den Yukon über die Straße zu erreichen.

ZUMUTBARKEIT

Die Wildnis ist nicht unbedingt ein Ort, wo sich jeder wohlfühlt. Spätestens nach ein paar Tagen merkt man, ob man mit der Abgeschiedenheit und dem Verzicht klarkommt. Tagelang ohne Zivilisationsanschluss auszukommen ist für manche ein Traum, für andere der blanke Horror. In der Wildnis gibt es nichts – kein Handynetz, keinen Supermarkt, keine warme Dusche, kein richtiges Bett. Und genau das war es, was uns an der Wildnis in Alaska so reizte. Es gab nur die Natur und das, was wir mitgebracht hatten. Für so einen Trip in die Abgeschiedenheit braucht es nicht nur eine gute Planung. Man sollte vorab wissen, was man sich zumuten kann und wo die Grenzen liegen. Und man sollte einschätzen können, was und wie viel man dem Partner zumuten kann. Das war natürlich auch bei uns ein Thema. Da gab es zum einen die Bären. Vor ihnen hatten wir beide sehr großen Respekt. Sie zu erblicken, löste bei uns zwiespältige Gefühle aus. Auf der einen Seite lag darin etwas Magisches, auf der anderen Seite aber auch etwas Gefährliches. Was, wenn das Tier bei einer Begegnung anders reagierte, als wir uns das vorstellten? Oder wenn ein Bär in der Nacht unsere ganzen Vorräte auffras? Während der Dunkelheit wurde aus jedem Geräusch ein potenzieller Bär. Unser Nachtlager war daher auch immer so bärensicher wie möglich aufgebaut. Das hieß: die Vorräte mindestens 50 Meter vom Zelt wegstellen, einen bärensicheren Behälter mit Notvorräten ausstatten, das Bärenspray (ist quasi das Pfefferspray gegen Bären) immer in greifbarer Nähe haben, kein Deo oder Duschgel benutzen, Essensreste im Fluss entsorgen und immer schön laut sein, damit der Bär weiß, dass da jemand ist. Es gab zum Glück keinen Zwischenfall. Die Bären, die wir gesehen haben, haben wir vom Wasser aus gesichtet und dann immer genügend Abstand gehalten.

Nach den Problemen mit den Bären kam das Wetter. In Alaska konnte es durchaus mal mehrere Tage am Stück regnen – damit hatten wir bereits bei unserer Ankunft in Fairbanks Erfahrungen gemacht. Und das dadurch entstandene Hochwasser hatte bereits dazu geführt, dass wir unseren ursprünglich geplanten Trip auf später verschieben mussten. Bis das Hochwasser ganz zurückgegangen war, gab es teilweise über hundert Kilometer den Fluss entlang keine wirklich geeignete Zeltmöglichkeit auf einer Kiesbank, wo wir eigentlich immer unser Lager aufschlagen wollten. Deshalb mussten wir teilweise in den höher gelegenen Wald ausweichen. Es war anstrengend, nicht zu wissen, ob wir für die nächste Nacht einen geeigneten Schlafplatz finden würden. Aber noch mehr hat uns etwas anderes zu schaffen gemacht: der Wind. Besser gesagt: der Gegenwind. Gegenwind ist so ungefähr das blödeste, was man sich beim Paddeln vorstellen kann. Nicht nur, dass wir das Gefühl hatten, nicht voranzukommen, der Wind zog uns die komplette Energie aus dem Körper. Eine doppelte Tagesration an Nudeln oder Reis war nach einem Gegenwindtag das Mindeste, was wir uns gönnten. Besser war noch ein Schnaps obendrauf! Der Wind knabberte nicht nur an den Klamotten, sondern auch an den Nerven. Die Entfernungen, die wir pro Tag zurücklegten, schrumpften zum Teil auf die Hälfte. Aber wir mussten weiter und konnten nicht ewig auf Windstille warten. Tatsächlich mussten wir in zwei Wochen schaffen, wofür wir uns mal drei Wochen vorgenommen hatten. Dabei litt jeder von uns beiden anders. Stefan fing an zu fluchen, ich blieb fast komplett ruhig. Eigentlich waren das vertauschte Rollen, denn im Alltag war das bisher immer anders herum gelaufen. So viel zum Thema Zumutbarkeit und Selbstkenntnis ... Ich hatte eine Ruhe und Gelassenheit in der Wildnis entwickelt, die Stefan total überraschte – mich im Übrigen auch. Und dass Stefan so kreativ fluchen kann, ist neu für uns beide gewesen. Die einzige Möglichkeit, dem Wind etwas auszuweichen, war, nachts zu paddeln. Es war ja zum Glück 20 Stunden am Tag hell. So haben wir auf dem letzten Flussabschnitt die Nacht zum Tag gemacht. Der untere Teil des Beaver Creek sieht uns definitiv nicht wieder! Sollten wir noch einmal hierher kommen, werden wir auch weise das Buschflugzeug chartern. Man muss aber auch dazu sagen, dass wir uns mit unserer Zwei-Wochen-Zeitvorgabe ein sehr sportliches Ziel gesetzt hatten. Bei drei oder vier Wochen Zeit sähe alles schon wieder ganz anders aus.

WELTMEISTER

Handynetz gab es in Alaska abseits der Straße kaum bis gar nicht. Als einzige Möglichkeit zu kommunizieren blieb das Satellitentelefon. Das war allerdings eine kostspielige Angelegenheit. Nicht nur die Telefonate selbst waren teuer, auch die Miete. Rund 150 Dollar sollte das Satellitentelefon pro Woche kosten. Wir hatten daher kein Satellitentelefon dabei. Das haben wir uns beide zugemutet. Dabei waren wir uns durchaus darüber im Klaren, dass es ein Risiko barg, quasi ohne Netz und doppelten Boden in die Wildnis zu gehen. Warum wir trotzdem ohne los sind, wussten wir selbst nicht. Innerhalb der ersten Woche auf dem Beaver Creek haben wir aber einige Leute überholt, die ein Satellitentelefon dabei hatten. Da sie dieselbe Strecke zurücklegen wollten, also immer hinter uns wären, betrachteten wir sie als unser Auffangnetz für den Notfall. Und dann war da ja auch noch die Fußball-WM. Für die Leute, die wir unterwegs trafen, waren die Fußballspielergebnisse so wichtig, dass sie diese per Satellitentelefon abfragten. Als wir an einer Gruppe von vier Bayern vorbeipaddelten, teilten sie uns noch auf dem Wasser freudig mit, dass Deutschland Fußballweltmeister geworden war, und als wir Tage später ein Paar aus Cottbus einholten, waren auch sie bestens über die WM-Ergebnisse informiert. Ein Satellitentelefon ist aber durchaus sinnvoll. Nicht für das Abfragen von Fußballergebnissen, die interessierten uns eigentlich überhaupt nicht. Doch als wir am letzten Tag unseres Abenteuers noch einmal fast 50 Kilometer gegen den Wind paddeln mussten, bis wir endlich am Yukon Crossing waren, hätten wir gern so ein Telefon dabei gehabt und unseren Abholtermin verschoben. So aber endete unser zweiter Flusstrip mit ziemlicher Erschöpfung, jedoch pünktlich. Ich war dennoch sehr zufrieden mit meinem Wildnis-Abenteuer. Stefan im Übrigen auch.

VOM YUKON IN DEN YUKON

In 21 Tagen hatten wir auf dem Fluss ca. 850 Kilometer zurückgelegt: ca. 250 Kilometer von Eagle nach Circle auf dem Yukon und ca. 600 Kilometer vom Nome Creek über den Beaver Creek in den Yukon bis zum Yukon Crossing. Wir hatten unser Abenteuer also auf dem Yukon gestartet und auch auf dem Yukon beendet. Es war anstrengend gewesen, aber auch wunderschön. Es war einsam gewesen, und es war intensiv. Wir waren gut in der Wildnis zurechtgekommen. Dennoch freuten wir uns, zurück in der Zivilisation zu sein.

Beim Yukon Crossing wurden wir von Andy abgeholt. Über den Dalton Highway ging es zurück nach Fairbanks. In Fairbanks mussten wir dann eine Möglichkeit finden, um nach Anchorage zu kommen, von wo wir vor Wochen den Flug nach L. A. gebucht hatten. Kurzfristig in der Sommerhochsaison fliegen? Viel zu teuer! Bus? Immer noch zu teuer! Also trampten wir. Das war nicht ganz einfach, aber es hat geklappt. Ein Dorfältester und ein paar durchgeknallte Frauen nahmen uns mit. Auf diese Weise konnten wir noch einiges über das Leben und die Leute aus der Inerior Region und am Yukon erfahren. In Anchorage wollten wir dann eigentlich in einem Hostel bleiben. Nach fast vier Wochen das erste Mal wieder in einem richtigen Bett schlafen. Aber dann haben wir doch unser Zelt im Garten des Hostel aufgeschlagen. Weil es so cool war, mitten in der Stadt zu zelten. Das ist Alaska.

STOPOVER VENICE BEACH
2. AUGUST

Gerade noch rechtzeitig haben wir es zum Flieger von Alaska nach Los Angeles. geschafft. Nach der Wildnis in Alaska war L.A. ein absolutes Kontrastprogramm. Unser Hostel lag am Venice Beach. Ohren, Augen und Nase wurden voll gefordert, während wir den Venice Boardwalk entlanggingen. Nichts mit Stille, Einsamkeit oder wilden Tieren. Dafür gab es viele Menschen, noch mehr Freaks (die irgendwie auch wild zu sein schienen, nur eben urban wild) und laute Musik an jeder Ecke. Wie waren wir bloß auf die Idee gekommen, von Alaska nach Los Angeles zu fliegen? Zu dem Zeitpunkt, als wir den Flug gebucht hatten, haben wir gedacht, von dort aus kann man super weiterreisen, egal wohin. Stimmte eigentlich auch. Dass uns dieses Kontrastprogramm so extrem erscheinen würde, hatten wir aber nicht bedacht.

Dennoch haben wir den Strand und die Stadt erkundet. Bis zum Walk of Fame oder nach Hollywood haben wir es aber nicht geschafft. Dafür bewunderten wir Yachten und schicke Häuser, beobachteten Lebenskünstler und schauten den Surfern und Skatern zu. Am Abend waren wir völlig erledigt von den vielen bunten und lauten Eindrücken, sodass das Partyvolk ohne uns auskommen musste.

SO WAR NORDAMERIKA

Was wir in den letzten Wochen erlebt haben, werden wir sicherlich nicht so schnell vergessen. Kanada war für uns nicht neu, es war mehr wie nach Hause kommen gewesen. Das lag sicher an den bekannten Gesichtern, aber auch an den Bergen, die uns so an Innsbruck erinnerten. Unser USA-Kanada-Roadtrip war extrem abwechslungsreich und von viel Natur geprägt. Die Campingplätze, auf denen wir unser kleines Zelt aufgeschlagen haben, waren durchweg nach unserem Geschmack und vor allem recht günstig. Insbesondere die Plätze des U.S. National Forrest haben uns gut gefallen. Nur der Elektrozaun zum Schutz vor den Bären war

gewöhnungsbedürftig. Dafür fühlten wir uns in Alaska unendlich frei. Trotz der
Bären. Vor ihnen haben wir weiterhin sehr viel Respekt, aber wir sind auch faszi-
niert und froh, dass wir sie in freier Wildbahn beobachten durften. Das Abenteuer
Alaska war anders, als wir erwartet hatten, anstrengend, manchmal ganz schön
aufregend, aber auch extrem schön. Es war die richtige Entscheidung gewesen,
auch diesen Wunsch in Erfüllung gehen zu lassen.

Und nun standen wir wieder am Flughafen von Los Angeles. Unsere Reise war
noch nicht zu Ende. Jetzt ging es erst noch einmal richtig rund. Anstatt aber weiter Richtung Osten zu fliegen, wollten wir noch einmal den Pazifik überqueren.
15.500 Kilometer, vier Flüge und 37 Reisestunden lagen vor uns. Über Honolulu,
Guam und Manila flogen wir noch einmal nach Bali.

Indonesien

Wenn uns jemand für total verrückt erklärt, dann ist das durchaus berechtigt. Da planten wir eine Reise rund um die Welt, und kurz vor Schluss flogen wir wieder fast den kompletten Weg zurück. Und das alles nur, um surfen zu gehen. Das hätten wir auch in Los Angeles haben können. Aber nein, wir mussten ja wieder nach Bali. Das dritte Mal auf dieser Reise.

Die Entscheidung, nicht nach Südamerika zu reisen, hatte auch die Entscheidung gebracht, noch einmal zurück nach Asien zu reisen. Vier Wochen in Indonesien und weitere vier Wochen in Sri Lanka. Außerdem waren wir voll von Eindrücken und Erlebnissen aus dem vergangenen Jahr. Wir brauchten eine Pause, bevor es zurück nach Deutschland ging. Energie tanken für einen neuen Alltag. Und das geht für uns am besten auf Bali.

Keine zwei Stunden nach unserer Landung in Denpasar kauften wir uns neue Surfboards, liehen Mopeds und fuhren los. In Medewi gab es für uns wieder einmal nur surfen, essen und schlafen. Eine ganze Woche lang. Dann machten wir uns auf in den Süden. Dorthin lockten uns die berühmten Surfspots wie Uluwatu, Padang-Padang und Balangan. Das war alles eigentlich noch nichts für uns, aber wir wollten mal schauen. Und auch von den Surfstränden um Canggu hatten wir bisher viel gehört, und gucken kostet ja nichts, und drumherum gab es auch ein paar Wellen, die für uns geeignet waren. So surften wir in Dreamland und Bingin, und weiter im Norden stoppten wir für ein paar Tage in Canggu.

Auf der Südhalbinsel von Bali wurde überall gebaut, abgerissen, neu gebaut und nicht mehr gebaut. Überdimensionale Luxusresorts standen neben kleinen Bretterbuden – mal fertig, mal als Rohbau, mal als Bauruine. Nach einem Gleichgewicht suchten wir vergebens. Auch das Preisniveau war für indonesische Verhältnisse etwas aus dem Gleichgewicht geraten. Zahlte man in Medewi für ein

Mie Goreng (gebratene Nudeln mit Gemüse und Ei) 15.000 Rupien (ca. ein Euro), kostete es in Bingin 40.000 Rupien. Das war immer noch günstig, keine Frage, aber eben doch fast dreimal so teuer. Schmecken tat es dennoch nicht besser.

Eigentlich wollten wir nach unserem Abstecher in den Süden, Richtung Inselmitte fahren und das kulturelle Mekka von Bali, Ubud, noch mitnehmen. Aber im Süden war es so voll, dass wir auf die vielen Menschen plötzlich keine Lust mehr hatten und lieber wieder zurück in den Nordwesten nach Balian gefahren sind. Dort war alles irgendwie ruhiger, entspannter und schöner, eben mehr das Bali, das wir so lieben.

Nach vier Wochen beim Surfen folgten weitere vier Woche zum Surfen. Wir waren auf dem Weg nach Sri Lanka. Die Tropeninsel, die südöstlich von Indien liegt, versprach wilde Tiere, gutes Essen und sensationelle Wellen.

Sri Lanka

11. SEPTEMBER

Von Indonesien aus gesehen liegt Sri Lanka auf dem Weg nach Europa und damit ganz klar auf unser aktuellen Reiseroute. Obwohl das mit unserer Reiseroute so eine Sache war, denn sie musste im Laufe des letzten Jahres doch mehrfach nachjustiert werden. Von einer Weltumrundung waren wir weit entfernt. Dafür können wir jetzt von einer Reise kreuz und quer durch die Welt sprechen.

UNSERE TATSÄCHLICHE REISEROUTE:

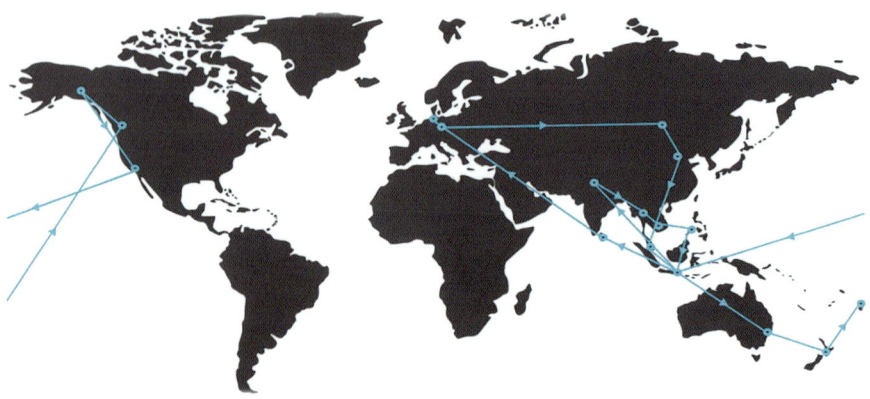

Kuala Lumpur würden wir aber immer noch als Airport-Mittelpunkt unserer Reise betrachten, denn auch auf unserem letzten Teilstück legten wir noch einmal einen Zwischenstopp in Kuala Lumpur ein. Grund dafür war wieder einmal die Air Asia, mit der es von Denpasar/Indonesien über Kuala Lumpur/Malaysia nach Colombo/Sri Lanka ging.

DIE ARUGAM BAY

In Colombo am Flughafen wurden wir von Waschmaschinen, Kühlschränken und Mixern empfangen. Das war mal ein ganz anderes Shoppingerlebnis als die bekannten Duty Free Shops. Für einen neuen Kühlschrank war aber kein Platz im Gepäck. Wir waren mit unseren Rucksäcken und den Surfboards ganz schön beladen. Da war es ganz gut, dass wir am Flughafen von einem Auto mit Fahrer abgeholt wurden. Über acht Stunden dauerte die Fahrt zur Arugam Bay im Osten von Sri Lanka. Noch nie war es auf unserer Reise so heiß gewesen. Ab 08:30 Uhr riskierten wir verbrannte Fußsohlen, wenn wir über den Strand liefen. Die Mittagshitze überstanden wir eigentlich nur in der Hängematte im Schatten. Insgesamt führte das zu massiven Aktivitätseinschränkungen. Wir sind deshalb meistens ganz früh morgens und mit den Elefanten aufgestanden und dann surfen gewesen. Den Rest des Tages verbrachten wir in unserer Cabana, und erst zum Sonnenuntergang sind wir wieder aktiv geworden.

Die Arugam Bay war, was die touristische Infrastruktur betrifft, die grüne Oase im trockenen Osten von Sri Lanka. Eine Unterkunft reihte sich an die nächste. Die Atmosphäre war aber trotzdem meist entspannt. Nur im Wasser erlebten wir etwas ganz Neues. Wir wurden von einer Gruppe von Jungs aus Israel geblockt. Das bedeutet, dass die Jungs sich mit ihren Surfboards im Wasser so positionierten, dass wir keine Möglichkeit mehr hatten, eine Welle zu bekommen und zu surfen. Besonders ich war davon betroffen. Den Grund dafür kennen wir bis heute nicht, aber von anderen Leuten haben wir erfahren, dass dies hier wohl schon öfter passiert war. Zum Glück ist das alles auch nur einmal vorgekommen. Aber es reichte, um Gesprächsstoff für ein paar Tage zu haben.

Zwei Wochen lang waren wir jeden Tag surfen. Aber wir wollten doch mehr von Sri Lanka sehen als nur die Arugam Bay. Wir waren doch noch nicht satt von Eindrücken und Erlebnissen. Deshalb ging es nun durchs Land. Bekanntes und beliebtes Transportmittel: genau, das Moped. Wir mieteten wieder nur eins, ein zweites gab es nämlich nicht. Das Gepäck ließen wir deshalb in der Arugam Bay. Zu zweit auf einem Moped und ohne Gepäck ließ es sich so viel entspannter und flexibler reisen.

On the road durch Sri Lanka. Alle Highlights hatten wir uns innerhalb der ersten zwei Wochen zusammenrecherchiert. Wir hatten viel rumgefragt und uns Empfehlungen von anderen geholt, und wir hatten viel im Internet nachgelesen. Einen Reiseführer hatten wir nicht dabei. Dafür unser Handy und Google Maps.

Der ganze Roadtrip wäre ohne Google Maps nicht möglich gewesen. Für uns hat Google Maps das Reisen ein wenig revolutioniert. Zumindest in Asien gab es meist selbst im letzten Dorf noch eine gute Internetverbindung. So brauchten wir nur unser Handy einzuschalten, das Ziel einzugeben und los ging es. Wie in fast allen Ländern, wo wir waren, haben wir uns eine nationale SIM-Karte zugelegt. In einem rasanten Tempo ging es diesmal von A nach B. Nur das Tempo unseres Mopeds war etwas zu langsam für uns. Dafür haben wir uns lange Wartezeiten zwischen Bus- oder Bahnfahrten gespart. Und wir konnten die ständigen Preisverhandlungen für TukTuk-Fahrten umgehen. Google Maps weiß fast immer, wo es langgeht, und führte uns direkt zum Ziel. Manchmal vielleicht etwas zu direkt, denn wir wurden zwischenzeitlich auf ziemliche Schotterpisten geschickt. Aber so ein bisschen cross country schadete uns nicht. Um in Kontakt mit den Menschen hier zu kommen, entdeckten wir die Regenpausen für uns. Im Süden und Westen von Sri Lanka herrschte zu dieser Jahreszeit noch der Monsun. Bei einem Regenguss heißt es: unterstellen. Unter einem der unzähligen Straßenstände fanden wir immer jemanden, der mit uns einen kleinen Plausch halten wollte. Im Süden von Sri Lanka bekamen wir aufgrund doch recht häufiger Regenschauer so einiges nebenbei mit. Und wenn Google Maps wirklich mal nicht wusste, wo es langgehen sollte, dann nutzten wir auch hier wieder die Straßenstände, um nach dem Weg zu fragen.

Unser Weg führte von der Arugam Bay erst ins Hill Country. Dort jagten wir unser kleines Moped über die Berge und durch die Teeplantagen. An jedem noch so unscheinbaren Tempel haben wir einen Zwischenstopp eingelegt (der nächste

Buddha könnte ja noch schöner sein als der letzte) und einmal eine ganze Zeremonie gecrasht. Dafür wurden wir dann zum Mittagessen eingeladen und gesegnet. Das war eine krasse Erfahrung, weil alles so familiär war. Vom Hill Country ging es weiter in den Süden, natürlich inklusive ein paar Tempelstopps. Im Süden erwartete uns nicht nur sattes Grün, sondern auch heftiger Regen, aber die Stelzenfischer, die Stefan unbedingt fotografieren wollte, angelten auch bei Regen. Die Stelzenfischer gibt es nur in Sri Lanka, sie sind mittlerweile zur Touristenattraktion geworden. Von der Fischerei könnten sie kaum noch überleben. Jeden Morgen und Abend saßen sie auf ihren Holzgestellen und kassierten neben dem Fischfang ein paar Rupien von den fotografierenden Touristen. Ich aber wollte keine Fischer, sondern Schildkröten sehen. Nachdem wir schon öfter auf Elefanten getroffen waren und auch Bekanntschaft mit Krokodilen, Affen und Wasserbüffeln gemacht hatten, fehlten mir jetzt noch die großen Meeresschildkröten, die man ganz im Süden nachts beim Eierablegen am Strand beobachten konnte. Auch wenn gerade keine Schildkröteneierlegehochsaison war, wollten wir es versuchen. Und wir hatten tatsächlich das Glück, eine Green Turtle am Strand von Rekawa beobachten zu können. Wahnsinn! So viel Glück wollten wir nicht weiter herausfordern, und so machten wir uns wieder auf den Rückweg. Knapp 1.000 Kilometer sind wir in sechs Tagen gefahren. Ziemlich sportliche Leistung für das kleine Moped.

SURFEN BIS ZUM ENDE
28. SEPTEMBER

Dann ging es auf das Ende der Reise zu. In der Arugam Bay war die Saison bald vorbei, dann begann dort die Monsunzeit, und die Surfer würden in den Süden gehen, wo nun die Saison begann. Es wurde von Woche zu Woche deutlich leerer in den Restaurants und im Wasser.

Dennoch waren wir in den letzten Tagen noch einmal in bester Gesellschaft. Beim sogenannten Lighthouse Surfspot, der etwa 20 Kilometer nördlich von der Arugam Bay liegt, gab es nur ein paar Hütten zum Schlafen. Wir haben dort ein paar

Tage mit supernetten und entspannten Leuten verbracht und wurden von unserer Gastgeberin Dilani wunderbar verköstigt, und auch im Wasser war die Stimmung ziemlich gut. So sollte es sein. Das war ein sehr guter Abschluss!

Bevor wir ein letztes Mal unsere Rucksäcke packten, sortierten wir noch einmal aus, denn wir brauchten Platz für Souvenirs. Wir hatten kein Extra-Sportgepäck gebucht, wollten unsere Surfboards aber mitnehmen. Bei Etihad Airlines kann man ein Gepäckstück als Sportgepäck aufgeben, das bedeutete, wir mussten alles in einen Rucksack und die Surfboardtasche packen. Alle Klamotten, die wir definitiv nicht mehr anziehen würden, weil die einfach zu verwaschen waren, haben wir deshalb aussortiert. Unsere Schuhe hatten wir schon vor einiger Zeit gespendet. Am Ende hat dann alles irgendwie ohne Übergepäck reingepasst.

Als der Tag des Rückflugs kam, haben wir es uns nicht nehmen lassen und sind morgens noch einmal surfen gegangen. Dann warteten wir auf unseren Fahrer. Zum Glück hatten wir ein paar Stunden Puffer für die Fahrt eingerechnet, denn der Fahrer kam zwei Stunden zu spät. Zum Mittagessen gönnten wir uns trotzdem noch einmal ein richtig gutes Curry in einem einheimischen Restaurant. Aber dann kamen wir in einen Stau, der uns zu viel Zeit raubte. Als wir dem Fahrer zu verstehen gaben, dass er doch bitte etwas schneller fahren sollte, kam er alle halbe Stunde auf die Idee, noch einmal tanken zu müssen. Wir hatten einen guten Deal für die Fahrt ausgehandelt. Dass es dem Fahrer an die Reserven gehen würde, war uns nicht bewusst gewesen. Der Check-in hatte bereits begonnen, als Google Maps für uns noch zwei Stunden Fahrzeit anzeigte. Als der Fahrer dann auch noch nach dem Weg zum Flughafen fragen musste, wussten wir nicht mehr, ob wir Mitleid oder Wut empfinden sollten. Der Typ war offenbar noch nie am Flughafen gewesen. Wir haben dann das Zepter übernommen und ihn mit Google Maps zum Flughafen geführt. Zehn Minuten, bevor der Check-in-Schalter schloss, kamen wir am Flughafen an. Trotz allem haben wir dem Fahrer ein gutes Trinkgeld gegeben. Ob er den Weg zurück gefunden hat, wissen wir nicht. Wir waren jedenfalls

völlig fertig, als wir am Gate auf den Flieger warteten, der uns über Abu Dhabi und Düsseldorf nach Hamburg bringen sollte. Obwohl, es wäre eine lustige Geschichte geworden: über ein Jahr um die Welt reisen und den letzten Flug verpassen.

SO WAR SRI LANKA

Wenn wir in Sri Lanka früh aufstanden, wurden wir definitiv belohnt. Elefanten haben wir fast jeden Morgen während unserer Mopedfahrt zum Surfen beobachten können, und die Delfine haben uns im Wasser begrüßt. Wir waren vollkommen überrascht von diesem Land. Sri Lanka hatte nicht auf unserem Reiseplan gestanden, aber es hat sich definitiv gelohnt, vom Plan abzuweichen.

Back to Reality

Es gibt so einiges, was wir schon bald vermissen werden. Bei einigen Dingen wissen wir vielleicht noch gar nicht, wie sehr wir sie vermissen werden oder dass wir sie überhaupt vermissen werden. Moped in Flipflops zu fahren, im Zelt zu schlafen und Zeit zu haben gehören aber auf jeden Fall dazu. Instant Coffee, asiatische Überlandbusse und durchgelegene Betten hingegen wohl weniger.

Wenn wir zurückblicken auf die letzten 14 Monate, kommt uns die Zeit fast surreal vor. Wir haben so viel gesehen und erlebt. Wir sind auf dem Pferd durch die Mongolei geritten, sind mit dem Kanu durch Alaska gepaddelt und waren in Nepal dem Mount Everest ganz nah. In der Südsee schlürften wir unter Palmen Cocktails, und in Neuseeland haben wir mit eigenem Auto und Surfboard einen Megaroadtrip genossen. Wir haben unseren persönlichen Traumstrand auf den Philippinen und einen perfekten Rückzugsort in Indonesien gefunden. Wir sahen Vulkane, wilde Tiere, unzählige Tempel, die Chinesische Mauer und die Oper von Sydney. Wir haben surfen, Kajak fahren und Moped fahren gelernt. Und wir lernten uns beide noch besser kennen und schätzen. Es war eine Wahnsinnerfahrung, solch eine Reise zu machen. Nicht eine einzige Minute möchten wir missen. Auch nicht die Situationen, die uns genervt oder angestrengt haben. Die gehören nämlich dazu.

Es war ein ziemlich merkwürdiges Gefühl zu wissen, dass wir schon am nächsten Tag wieder in Deutschland sein würden. Wir stiegen mit einem weinenden und einem lachenden Auge in den Flieger. Auf der einen Seite war es schon ein wenig traurig, dass die Reise nun vorbei sein sollte, auf der anderen Seite freuten wir uns auf unsere Familien und Freunde. Deshalb wollten wir in Hamburg ganz tapfer mit zwei lachenden Augen aus dem Flieger steigen.

Was danach kommen sollte, wussten wir noch nicht. Es gab zwar Pläne in unseren Köpfen, aber die mussten erst noch ausdiskutiert werden.

FAQ

Nach unserer Rückkehr gab es viel zu erzählen. Wir hatten zwar einen Blog während der Reise geführt, aber alle Geschichten konnten und wollten wir dort nicht unterbringen. In den Gesprächen haben wir eigentlich immer wieder dieselben Fragen gestellt bekommen. Das waren und sind unsere Antworten:

Welches Land hat euch am besten gefallen?

Mongolei, Nepal, Philippinen, Neuseeland, Alaska und die anderen natürlich auch. Es gibt keinen Favoriten. Jedes Land war anders, man kann sie kaum vergleichen. Es sind auch nicht die einzelnen Länder, sondern die Erlebnisse, die in Erinnerung bleiben.

Wie viel hat die Reise gekostet?

17.506,53 Euro hat die Reise insgesamt für jeden von uns gekostet – inklusive allem, also essen, schlafen, fliegen usw. Hinzu kamen noch einmal 604,25 Euro pro Person für Auslandskrankenversicherungen. Das können wir so genau sagen, weil Stefan akribisch Buch geführt hat. Wir haben nicht jeden Cent aufgeschrieben, den wir ausgegeben haben, aber wir haben eine Tabelle geführt, wann wir wo und wie viel Geld abgehoben und was wir mit Karte oder direkt online gezahlt haben. Die Zahl erscheint einem zunächst groß, aber wenn man überlegt, was man in einen Jahr zu Hause ausgibt, um zu essen, zu wohnen, zu leben usw., dann kommt man mindestens auf dieselbe Summe, hat aber Weitem nicht so viel erlebt.

Wie schwer war euer Rucksack?

Das Gewicht unserer Rucksäcke schwankte im Laufe der Reise ein wenig. Bei unserer Abreise wog mein Rucksack etwa 15 Kilogramm, Stefans Rucksack wog knapp 20 Kilogramm. Mit den Surfboards und den neuen Objektiven wurden es insgesamt noch einmal rund 12 Kilogramm mehr. Dafür wurden jedoch Klamotten und Schuhe ausgetauscht. Beim Rückflug hat unser Gepäck zusammen 41 Kilogramm auf die Waage gebracht.

Was für eine Kameraausrüstung hattet ihr dabei?

Auch die Kameraausrüstung wurde im Laufe der Reise angepasst. Gestartet sind wir mit einer Nikon D800 und einem Zoomobjektiv. Gelandet sind wir mit einer

GoPro, der Nikon D800 und vier Objektiven. Es kommt aber nicht so sehr auf die Kameraausrüstung an, die man dabei hat, sondern die Momente und Stimmungen, die man sieht und dann versucht, mit der Kamera festzuhalten. Das Einzige, was manchmal gefehlt hat, war ein Stativ. Wir mussten uns oft mit Steinen, Mülltonnen oder Autodächern behelfen. Aber auch das hat funktioniert.

Was würdet ihr beim nächsten Mal anders machen?

Wir würden langsamer reisen, uns noch mehr Zeit nehmen und somit sicherlich länger reisen!

Wie habt ihr euch auf der Reise verstanden?

Wer uns kennt, der weiß, dass wir gern diskutieren. Wer uns nicht kennt, findet das manchmal befremdlich. Aber Standpunkte müssen nun mal ausgetauscht werden. Wir haben uns im Laufe Reise immer besser aufeinander abgestimmt. Viele Entscheidungen haben am Ende ohne Nachfragen funktioniert. Dass dies nicht selbstverständlich ist, haben wir an anderen Pärchen gesehen, die wir auf der Reise kennengelernt haben. Oft sind es unterschiedliche Erwartungen oder Wünsche, woran das Reisen im Zusammenspiel scheitert. Außerdem entwickelt man sich während so einer Reise auch weiter. Wir hatten Glück und haben uns in dieselbe Richtung entwickelt mit dem, wie wir dachten und was wir wollten. Auch das ist nicht selbstverständlich.

Wie war das mit dem Essen auf der Reise?

Das ist eine sehr schwierige Frage, denn wir haben uns so unterschiedlich verpflegt. In Asien sind wir fast nur zum Essen gegangen. Das ist nämlich meist günstiger als selbst zu kochen. In Neuseeland und Nordamerika haben wir, auch wieder aus Kostengründen, meist selbst gekocht. Bevorzugt Reis und Pasta mit Thunfisch oder irgendwelchen Soßen. Viel mehr ging auf unserem Ein-Flammen-Gaskocher nicht. Aber auch selbst gemachte Sandwiches und Müsli mit frischen Früchten lagen bei uns hoch im Kurs. Wir haben beide nicht zugenommen, also kann es insgesamt nicht so schlecht gewesen sein.

Wie oft habt ihr im Zelt geschlafen?

Stefan, der alte Statistiker, hat natürlich auch darüber Buch geführt. Von den

433 Tagen, die wir unterwegs waren, haben wir 145 Nächte in unserem Zelt geschlafen. Das Zelt hat super durchgehalten. Auch die Schlafsäcke sind immer noch in gutem Zustand. Nur die Schlafmatten haben die Reise nicht überstanden und mussten mehrfach ausgetauscht werden. Angeblich ein Konstruktionsfehler.

Wie oft seid ihr geflogen?

40-mal sind wir in den Flieger ein- und wieder ausgestiegen. Dabei haben wir insgesamt 92.967 Kilometer zurückgelegt. Das ist quasi eine zweifache Weltumrundung. Und ja, wir haben ein schlechtes Gewissen wegen unserer CO_2-Bilanz, aber irgendwas ist halt immer.

Hattet ihr einen Reiseführer dabei?

Ja und nein. Wir haben das von Land zu Land unterschiedlich gehandhabt. Manchmal haben wir uns ganz klassisch am Lonely Planet orientiert, den haben wir gebraucht gekauft oder gegen einen neuen eingetauscht. Wir haben aber auch viel im Internet recherchiert. Allerdings mussten wir dabei aufpassen, dass wir uns nicht verzetteln und den Überblick behalten. Nicht zuletzt haben wir uns sehr oft an den Tipps von Einheimischen und Reisenden orientiert. Das war die, wie wir finden, beste Möglichkeit, eine Region kennenzulernen.

Was habt ihr jetzt vor?

Am liebsten noch einmal heiraten und ein Jahr Honeymoon machen! Aber das wird finanziell nicht ganz möglich sein. Deshalb werden wir uns wohl oder übel wieder eine Wohnung und Jobs suchen. Und dann klammern wir uns an die Vorstellung, so eine Reise irgendwann noch einmal machen zu können, denn es gibt noch so viel mehr auf dieser Welt zu entdecken!

P.S.:
Mehr Bilder von unserer Reise gibt es auf unserem Blog lookfornewhorizons.com zu sehen.

Bibliografische Information der Deutschen Nationalbibliothek
Die Deutsche Nationalbibliothek verzeichnet diese Publikation
in der Deutschen Nationalbibliografie; detaillierte bibliografische
Daten sind im Internet über http://dnb.dnb.de abrufbar.

1. Auflage
ISBN 978-3-667-10915-6
© Delius Klasing & Co. KG, Bielefeld

Lektorat: Birgit Radebold
Illustration Bucheinbandrückseite: Globetrotter-Magazin
Fotos: Stefan Richter
Einbandgestaltung und Layout: Felix Kempf, fx@fx68.de
Lithografie: Mohn Media, Gütersloh
Gesamtherstellung: Print Consult, München
Printed in Hungary 2017

Delius Klasing Verlag, Siekerwall 21, D - 33602 Bielefeld
Tel.: 0521/559-0, Fax: 0521/559-115
E-Mail: info@delius-klasing.de
www.delius-klasing.de